JN248807

成熟消費時代の
生活者起点マーケティング

流通・マーケティングの新たな可能性

三村優美子・朴正洙［編著］

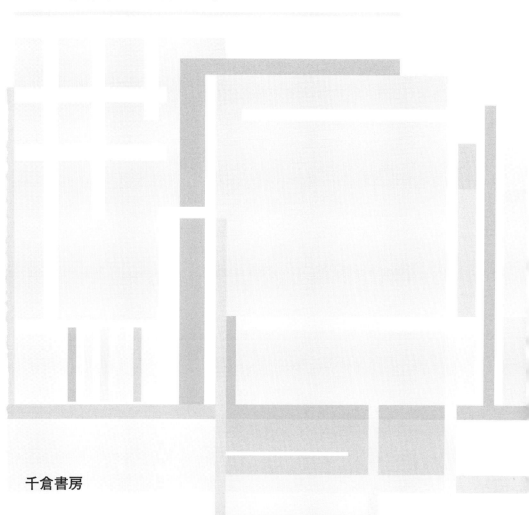

千倉書房

成熟消費時代の生活者起点マーケティング
—流通・マーケティングの新たな可能性—
目次

—————————— 目　　次 ——————————

序　章

　人口構造変化、消費者の価値観や買い物行動の変化を背景として無店舗販売が急成長をしている。その中でもネット通販の伸長は従来の店舗小売業にとって脅威となっており、書籍、家電品、文具、衣料品、雑貨、食品などの広範な分野でその流通のあり方に根本的な変化を生じさせている。同時に、ネット通販は、買い物の"不便さ"の観点から改めて顧客ニーズや商品特性に適合する販売チャネル構築や顧客接点の必要性を認識させることとなった。店舗小売業とネット通販は対立的ではなく、むしろそれぞれの利点や欠点を組み合わせることにより新しい販売の仕組みが登場する可能性は大きいといえる。

　ネット通販は、情報探索や発注・決済などの購買過程処理の迅速性に優れており、従来の流通経路に比べてはるかにコスト面で優位である。これには、1980年代以降のIT化（流通情報システム化）の進展に伴う供給システムの高度化（SCM）と宅配の進展が作用している。有力小売企業が提唱する"オムニチャネル"は、この供給システムと緻密に張り巡らされた店舗網を繋いで個別顧客への浸透を図ろうとするものであり、ネット化はその手段の一つである。

　ネット化は一人ひとりの消費者がPCや情報端末を通して供給者（メーカーや流通業者）と直接繋ることで、既存の流通経路を陳腐化させる可能性を秘めている。ただし、その一方で、既存のメディア（テレビ、新聞、雑誌）の効果や対人コミュニケーションの重要性を指摘する声もある。それは、商品選択においてブランドイメージが不可欠な分野があり、あるいは複雑で専門的な説明や相談が必要とされる商品分野においては、情報の多層・多次元提供と実際の経験（試用や納得）の場としての顧客接点の意味が大きいからである。

　現在、無店舗販売（特に通信販売）の伸長は主としてネット通販の伸びによるものであるが、堅調に伸長しているもう一つの勢力の存在がある。いわゆるメーカー系通販（単品通販）と呼ばれる勢力である。これは、サプリメントや化粧品など近年成長が注目されている健康・美容関連市場において、専門通販企業に加えて有力消費財メーカーの参入が活発化していることによるものであ

る。特に、消費財メーカーの立場からは、通信販売が新しい販売経路として注目されていること、そして従来のマーケティング（4P）の論理とは異なるダイレクト・マーケティングの有効性への理解が深まっていることを理由として挙げることができる。

　この点に注目するならば、店舗小売業に対する副次的存在として限られた世界に閉じ込められていた通信販売が、IT化と新市場分野の成長を背景に、マーケティングの新しい可能性を開くといえるかもしれない。ネット化は、既存の流通経路の破壊というよりも、既存の流通とマーケティング変革の触媒として作用しているといってよい。

　本書は、通信販売の成長と転換の視点を通して日本の流通とマーケティング変革の意味と可能性について、流通、マーケティング・チャネル、そしてマーケティング・コミュニケーションの切り口から、具体的な事例を通して論じるものである。なぜ、通信販売を流通とマーケティングの変革を捉える"準拠枠"と考えたのかについては、通信販売の独特の性格がある。

　第一に、通信販売は、卸・小売業から構成される従来型流通（店舗販売）の論理の否定あるいは改革者として登場したということである。通信販売の成長は、従来型流通の機能不全や不適合を反映するものとみるならば、ネット通販の伸長にも同様な仮定を置くことができる。通信販売を準拠枠とするとき、店舗小売業の抱える問題や課題がより明らかになるのではないかと考えられる。

　第二に、通信販売はメディアの変化を直接反映させる販売手法ということである。通信販売は、最初、新聞・雑誌、カタログやDMなど印刷媒体を使って始まっている。その後、テレビ、ラジオなどの電波媒体へと広がりをみせている。どの媒体を主として使用するかによって通信販売のタイプ（業態）が規定され、それぞれ独自の市場開拓が進められた。この状況を一変させたのがネット通販である。PCや携帯端末の普及がそれを可能にさせたのである。マスメディアとネットとの対比は、広告やマーケティング・コミュニケーションの関係者にとって極めて関心の高いテーマである。つまり、ネット通販は、流通論的には従来型流通（店舗販売）への挑戦者であり、広告やマーケティング・コミュニケーション論的には、既存のマーケティングやマスメディアへの

挑戦者になるという二重性を有しているのである。そこに、通信販売を準拠枠とすることの意味がある。

第三に、通信販売は、無店舗による商品やサービスの販売手法であるとともに、顧客反応（レスポンス）を基軸とした販売の仕組み（マーケティング・システム）としての性格を有していることである。これは、主として不特定多数を前提としている店舗小売業に対して、限定された（カタログやDMの）顧客リストを前提としている通信販売の基本的な違いによるものである。通信販売においては、まず催事やテレビ広告等を通して新規注文を喚起させ、それから反復注文を通して有望顧客へと誘導していく。顧客概念の未確立の時代において、通信販売はまさに顧客（反応）起点で事業の仕組みを作ることを実現させたのである。この事業の仕組みとそれを支えるマネジメント技術の総体をダイレクト・マーケティングと呼ぶことができる。

このダイレクト・マーケティングという概念は、単に中間業者を介在させないというだけでなく、顧客（反応）起点ということを現代的に解釈するならば、マスマーケティングの論理に代わる特定市場を深耕するマーケティングあるいは顧客関係性マーケティングへの繋がりを示唆するものである。特に業務用需要を対象とする通信販売は、B to B の関係性マーケティングそのものである。流通革新としての通信販売の仕組みとそこで醸成された販売マネジメント技術を融合させるとき、マーケティング革新あるいはマーケティング・チャネル革新の可能性をみることができる。メーカー系通販に注目している理由はここにある。

第1章では、なぜネット通販が店舗小売業の地盤を崩すのかということを、店舗小売業の発展を支えたチェーン・オペレーションと小売業態の観点から検討している。

店舗小売業の地理的制約（商圏範囲の限定）を超える流通革新として登場したのが伝統的な通信販売（カタログ通販）である。しかし、これは通販特有の不便さ（待ち時間や現物が確かめられないなど）のため限定的な存在にとどまってきた。これに代わって地理的制約を克服したのがチェーンストアであり、その発展を可能にしたのがチェーン・オペレーションと小売業態（店舗タイプの

標準化）であった。20世紀は、チェーンストアの世紀であり、巨大小売企業が成立していった。1990年代以降には、EDI（電子データ交換）やロジスティクスなど流通関連技術の発展を背景にチェーン・オペレーションの高度化（効率化）が一層進展している。チェーンストアの存在は揺るぎないものに見えていたそのときにネット通販の進撃が始まったのである。宅配に支えられたネット通販は、店舗小売業の地理的制約と時間的制約をも軽々と超えていく。記号化された商品の選択は、コモディティ化（標準化、規格化）が進んだ分野においては一層容易である。

　ただし、消費社会の価値観あるいは生活者意識を考慮するとき、事態はそう簡単ではない。むしろ、ネット通販は、店舗小売業が本来有すべき役割や機能は何かということを改めて再認識させたようにみえる。記号化された商品の探索は買い物時間の節約になる。一方で、未知なる商品の発見の場では時間意識は変わっていく。時間には節約する時間と深める時間の二つがあるとして、顧客との出会いの場所として売り場に新しい機会を見出した店舗小売業も注目されている。

　さらに、見落としてはならないのは、従来型の通信販売の市場変化への適応力である。通信販売も一様ではなく、店舗小売業と同様に業態分化が進んでいる。特に、日本のように店舗小売業が高度に発展した国において、通信販売の対象とする"不便さ"は限定的である。そのため店舗小売業が不得意とする商品分野で独自の発展が見られたのである。巨大なネット通販の影に隠れているが、消費者ニーズを捉えていくその切り口の鋭さは独特であり、むしろ成熟消費時代にこそ適合するビジネスといっても過言ではない。

　第2章は、通信販売をメーカーのマーケティング・チャネルとして捉えることで、いわゆる「メーカー系通販」の意味と可能性を検討したものである。

　従来の卸・小売業（店舗販売）ルートをチャネルとしてきたメーカーがなぜ通信販売のルートを選ぶのであろうか。それにはいくつかの理由が考えられる。まずは、小売業の構造変化を挙げることができる。店舗小売業の凋落（小売業態の交代）と通信販売の伸長を前提としたときには、従来型のチャネル政策の限界を意識するのは当然といえる。それに加えて、いわゆる"価格破壊"

現象の広がりにより、売り場における需要開拓力の低下はメーカーの大きな悩みとなっていた。マーケティングは、商品力、ブランド力、販売力（営業力）の三位一体と考えるならば、特売競争や返品の嵐に見舞われている小売業の売り場はマーケティングの危機を象徴するものである。

これに対しては、流通取引慣行（建値制やリベート）の改善や中間在庫を極小化すべく供給システムの高度化が進められてきた。ただし、マーケティング力の回復のためにはそれだけでは十分でなく、ブランド力の強化、さらに商品力の強化が必要である。最近では、消費社会の価値観、生活者ニーズの変化を前提とした新市場（カテゴリー）の創造を目的とした商品開発と市場導入が進められている。同質化・コモディティ化の悪循環から脱する独自化・高付加価値化と呼ばれる路線である。

商品特性とチャネルとの適合性という観点からは、店舗小売業においても独自化・高付加価値化に対応できる売り場（業態）の転換が必要であるが、特定顧客との関係づくりに適する通信販売がチャネルとして選ばれることもある。本書では、メーカーのマーケティング・チャネル改革の一環としてのメーカー系通販に注目している。

第3章は、通信販売の中核技法であるダイレクト・マーケティングの特徴を、顧客関係性マネジメント（CRM）の次元から整理したものである。ここでは、いわゆる4Pマーケティングとダイレクト・マーケティングの違いを、市場と顧客の捉え方、コミュニケーション政策の重点、組織設計などから説明している。成長市場においては4Pマーケティングが有効であるが、消費者ニーズが多様化している成熟市場下においては特定顧客との繋がりを深めるダイレクト・マーケティングの有効性は高まるといえよう。4Pマーケティングの中核がブランド価値であるのに対して、ダイレクト・マーケティングの中核は顧客価値であり、その測定方法や評価基準について代表的な議論を紹介している。

ただし、ここでは顧客関係性マネジメント（CRM）がダイレクト・マーケティングと同一視されがちなことにも注意を促している。それは、"テクノロジー中心のCRM"には落とし穴があるためである。顧客との相互性の中から

価値を生むダイレクト・マーケティングを成功させるためには、定量的な顧客データ分析だけではなく、顧客の心をつかむ情緒的な CRM が重要である。第7章で紹介されている企業の事例からもその重要性を理解することができる。

　第4章は、ダイレクト・マーケティングの特徴をマーケティング・コミュニケーションの観点から整理したものである。

　通信販売は、メディアを媒介させて情報伝達を行う販売活動であり、使用するメディアによって通信販売のタイプは異なる。さらに、新聞、雑誌、カタログ、DM などの印刷媒体、テレビやラジオなどの電波媒体に加えて、ネットの伸長が通信販売の在り方を大きく変えてきている。いわゆるコミュニケーションのデジタル化が与える影響は、店舗販売よりもはるかに大きいと考えられる。しかし、マーケティング・コミュニケーションの側面に焦点を合わせるときには、通信販売の別の可能性が見えてくる。

　ここでは、ダイレクト・マーケティングにおけるコミュニケーションは、相互作用性とパーソナル化の二次元で整理するとき、広告・プロモーションと人的販売のちょうど中間に位置することを説明している。あるいは、ダイレクト・マーケティングにおいては、特定のメディアに偏ることなく、さまざまなメディア特性（利点や弱点）を前提としてメディア・ミックスを構築することが有効である。その意味では、通信販売においても人的販売（人的な情報提供）の場は重要であり、またネットも、販売手段としてだけでなく、商品探索や比較、問い合わせ、交流などの情報伝達手段としての有効性が期待できる。このような観点に立つならば、ネット通販が店舗小売業を駆逐するという見方は短絡的であることが分かる。第7章で紹介している企業は、いずれもダイレクト・マーケティングのコミュニケーションに優れた工夫をしていることが特徴的である。

　第5章は、通信販売の歴史と日本における展開について、戦前から戦後の高度成長期、そしてインターネットが普及した現在までを消費社会の変化と関連づけて整理したものである。特にここで注目しているのは、通信販売の従来のビジネスモデルとネット通販のビジネスモデルがどのように異なるのか、そして巨大なネット通販が台頭し市場の寡占化が表面化しているなかで、市場をき

め細かく捉えていく日本型の通信販売の可能性があるのかということである。いわゆる流通系（品揃え型）の通信販売でなく、特徴のある商品の提供を中心とした通信販売（単品通販）にその一つの可能性を見出している。

第6章は、消費者利益を守るために整備された一連の制度や法規制について整理したものである。通信販売では実物を見ないで注文するために、期待した商品との違い、注文や配送ミス、代金支払いや返金をめぐるトラブルなど、店舗販売では起こりにくいさまざまなトラブルに見舞われやすい。また、店舗を必要としない通信販売は参入が容易でさまざまな業者が混在することで、業者や商品の信頼性に疑念がもたれる事例も多かった。そこで、無店舗販売をめぐる消費者トラブルを防ぐ目的で成立したのが「訪問販売等に関する法律（現特定商取引法）」（1976年）である。この法律の成立の趣旨は、当時、強圧的な販売で消費者トラブルが多発していた訪問販売や連鎖販売取引（マルチ商法）被害を抑制することであり、通信販売自体には深刻なトラブルが発生していたわけではない。しかし、この法律を契機として、販売条件の整備、氏名等の明示・書面交付、誇大広告の禁止などが義務づけられた。また、1983年、業界団体の日本通信販売協会が設立されて、業界自主基準や倫理綱領の制定、協会会員企業の啓発、認証マークの制定、消費者苦情相談の通販110番などの活動が行われることで、日本の通信販売の健全な発展に寄与してきたことが述べられている。

第7章は、ダイレクト・マーケティングを実践する代表的な通販企業の事例である。ここでは単品通販を構成する二つのタイプに注目している。第一のタイプは、メーカー系通販と呼ばれるものである。従来、店舗小売業のチャネルを主体としてきた消費財メーカーの中からダイレクト・マーケティングの手法を使い、通信販売を新しい販売経路として市場開拓を行っている企業である。ライオン株式会社通販事業部の事例を紹介いただいている。

第二のタイプは、独自性の高い商品開発を起点としてダイレクト・マーケティング手法を使って通信販売を行っている通販専業企業である。化粧品、機能性食品、農産物加工品などの分野で、直接顧客とつながることでこだわりのマーケティングを行っている企業である。その代表的な存在であるファンケ

ル、オルビス、山田養蜂場の各社に通販事業の特徴と課題や可能性について寄稿をお願いしている。

　この2タイプの特徴と違いは、図表0-1（ライオン株式会社乗竹史智氏の整理を参考）に示した通りである。

図表0-1　メーカー系通販と専業通販

	メーカー系通販企業	通販専業企業
出自	・店舗チャネル ・他分野製品（通販の製品とは違う分野で一定の売上を持っていた）	・通販そのもので立ち上げ
通販活用の意図	・新しい製品分野への進出を契機として、従来は活用していなかった通販をチャネルとして選択。	・もともと、流通企業に対する交渉力は弱く、製品を生活者に届ける手段として流通企業に依存しない通販を選択。同様の目的で訪問販売を採る場合も散見される。
ビジネスモデル	単品通販	
品数	・少なめ。ただし事業規模増大に伴い品数増大。	・少なめ。ただし事業規模増大に伴い品数増大。 ・企業毎に代表的な製品が存在。
フルフィルメント	・外部委託で事業スタート。 ・自社コールセンターを持つ企業は少ない。 （大部分が、外部委託）	・自社コールセンターを持つ。 ・コールセンターだけでなく、立ち上げ時には創業者自らが多くの作業を実施。
運営	・組織的なマネジメント ・品質基準厳しい。	・（尖がった）創業者主導マネジメント
戦略	・売れ筋製品を探しながらの品揃えに留まり、戦略的展開にはまだ乏しい感じがある。	・創業時からの「思い」が起点。

第1章

流通の変革と小売業態の変化
——店舗小売業を脅かす無店舗販売——

インターネットの普及を背景として、2010年代以降、ネット通販（EC）が急成長している。これは、従来の小売業の発展過程の延長として捉えることができるのか、既存の小売業の在り方とは全く異質なのか、ネット通販は従来の小売業にどのような影響を与えるのか、日本の流通の今後を考えるうえで極めて重要な検討課題である。

1980年代から日本の小売業は大きな構造変化を生じさせている。それは、主として消費変化とIT技術（それと連動する物流システム高度化）の進展を背景とするものである。そして小売業の変化は、主役となる小売業態の新旧交代とそれを支える流通システムの変革を伴っていることに注目すべきである。ここでは、まず1980年代から2000年代までの約30年間の小売業の構造変化を消費変化と関連づけて整理する。その上で、主要な小売業態はそれを成立させた時代の価値観を反映しているとの観点から、小売業態の主役交代を消費社会の変化の流れで論じる。そして、小売業と流通システム変革の視点からネット通販を含む現在の通信販売業の展開をどのように捉えるべきかを検討したい。

1. 消費変化と小売業の構造変化

1-1. 消費成熟化の意味するもの

①消費の多様化・サービス化

1990年代以降、日本の小売業は大きな変動の時代を迎えている。

　1990年代から2000年代にかけて、多くの有力小売企業が変化の荒波の中で消えていった。たとえば、日本の小売業一位の座を誇っていたダイエー（2004年10月産業再生機構に支援要請、2007年3月イオンがダイエーと資本・業務提携、2013年5月イオンの連結子会社化）、同じく有力総合スーパー企業では、マイカル（旧ニチイ、2001年9月民事再生法申請、イオンによる再建）、西友（2002年5月ウォルマートの資本参加、2007年10月完全子会社化）などが代表的である。1990年代初め〜2000年代、日本の小売業を代表する総合スーパー企業の上位5社のうち3社が再編成に巻き込まれ、総合スーパー業界はセブン＆アイ（イトーヨーカ堂が原点）とイオン（ジャスコが原点）の2大企業体制に収れんしている。総合スーパーのなかで、5社に次ぐ位置にあったイズミは広域スーパーとしての独自化の道を歩んでいるが、上位5社体制が大きく崩れたこと、そして総合スーパーの業態としての不振が伝えられることで、総合スーパーが主役となって日本の小売業を牽引していた時代が終わったことを示している。

　商業統計によれば、小売商店数は、1982年の172万店をピークとして減少に転じていたが、2014年103万店へと大きく減少している。小売業の年間販売額は、1997年の147兆7,431億円をピークに、2014年114兆8,523億円にまで縮小している。この理由としては、人口構造変化（高齢化、人口減少）と個人消費の低迷をあげることができる。人口減少（高齢化、単独世帯の増加）と個人消費の低迷が複合的に作用して、日本の小売業はその規模を縮小させてきた。この傾向は、現在も変わることなく続いている。

　これに加えて、小売業に大きなインパクトを与えているのは、消費社会の価値観と消費行動の変化である。一般的に、1980年代は日本の消費社会の大きな転換期と考えられている。それは、消費の支出構造の変化に明らかにみることができる。総務省家計調査によれば、1980年代、一世帯当たりの家計支出は緩やかに増加をしているが、その中でいわゆるサービス支出の割合が増えている。サービス支出の割合は、1975年の28.3％から1990年の37.3％へと上昇している。1990年代に入るとこの傾向はさらに顕著になり、2000年41.0％、2014年43.2％と、個人消費のほぼ4割はサービス支出に向けられている。これは、消費の"サービス化"と呼ばれる現象であり、商品（モノ）販売を主と

してきた小売業にとってはその在り方を根底から揺さぶられることになった。

　このサービス化とともに重要な消費変化は、消費の個性化・多様化である。これを象徴的に表現した言葉が"分衆"や"少衆"であり、1980年代はまさに"分衆・少衆の時代"であった[1]。この分衆・少衆の言葉に込められた意図は消費の成熟化であり、マス広告やマスマーケティングに受け身で反応する消費者から、主体的に商品やブランドを選択する消費者への変身であった。

　分衆・少衆の論者達が主張したように消費者の行動が主体的かつ個性的になったのかといえば疑問がある。あくまでそれは表面的なものであり、本格的な変化は2000年代に入ってからのことである。ただし、1980年代になるといわゆる消費者ニーズの多様化（分裂）現象は顕著となっていた。このことが、多品種多品目少量化の傾向に結びつき、流通システムおよび小売業の在り方を大きく規定してきたことが重要である。

②消費社会の価値観の変化

　消費行動の具体的変化としては、このサービス化と多様化を挙げることができるが、長期的観点からはその背景にある消費社会の価値観の変化に注目すべきである。

　1980年代は、消費論が花開いた時代であった。高度成長から安定成長への移行は、経済的価値中心から生活価値あるいは文化的価値中心の価値観への転換を強く意識させた。たとえば世論調査において、経済的ゆたかさよりも心のゆたかさを重視するという回答が上回るようになっていた。この時代の価値観の転換を象徴するのは、E. F. Schumacher の *Small is Beautiful*（1973）である。これは、大量生産・大量販売体制の限界を指摘するとともに、規模への信仰から目覚め自ら価値を創造する"人間"に脱皮すべきと説いた書であった。公害、交通混雑、水不足、自然破壊など高度成長に伴う負の側面が社会的関心を集めつつあったことも背景にある。ただし、この人間的価値重視の思潮は、グローバル化の論調が強まった1990年代にはいったん表舞台から消えたが、2000年代後半、グローバル化批判の論調とともに再浮上している。むしろ、まちづくりや地域農業再生の動きと混交し、消費社会の底流として深く浸透し

ていたと考える方が適当である[2]。

　消費の世界に文化的色合いが濃くなったのも 1980 年代の特徴である。山崎正和の『柔らかい個人主義の誕生』(1984) は、西洋化・近代化を一途に追い求めてきた中で忘れられていた日本社会固有の美意識や伝統、生活感覚の重要性を再認識させた代表的な著作である[3]。この時代、能や狂言、和歌や俳句、茶道や華道、歌舞伎や浮世絵、庭園や園芸、伝統行事、和食や和菓子、そして町家や伝統的まち並みなどの価値が再評価されつつあった。まさに "日本再発見" の時代であったといってよい。それらは、日本の生活の中で育まれた文化である。欧米への遅れと後進性という呪縛からようやく解き放たれて、日本らしさを自由に表現し楽しみたいとの社会的雰囲気が生まれていた。

　明らかに 1980 年代の日本は、経済的価値が重視される大衆消費社会から社会的・文化的価値が重視される成熟消費社会へと脱皮を始めていたといえる。

　この流れがいったん停止するのは 1990 年代である。1991 年のバブル崩壊を契機として、日本社会はいわゆる "失われた 10 年" そして "失われた 20 年" の長い低迷期に入った。個人消費の面では、個人所得の伸び悩みとともに生活防衛的な色彩が強くなっていたのである。価格志向や節約志向の強まりとともに価格破壊現象が広がっていった。それが極端になったのは 1997 年頃である。この時期、金融危機（大手都市銀行の経営破たんや再編成）や消費税率引き上げ（3 ％から 5 ％へ）が個人消費を直撃したと考えられる。

　このような厳しい消費環境のもとで、文化的消費あるいは消費の楽しさを謳う論調は完全に影を潜め、消費行動は合理的との見方が強まっていた。しかし、そのことで消費者の多様な在り方はみえにくくなったといえる。間々田孝夫 (2007) は、現在に続く混沌とした消費社会のあり方を "モダンでもなくポストモダンでもない" と表現している。

　ただし、1980 年代の社会的・文化的消費も 1990 年代の価格志向の合理的消費もいずれも成熟消費の一側面といえる。特に、生活防衛志向や節約志向の強まりは小売業の価格競争を刺激し、収益力の低下を招いている、先述の総合スーパー企業の再編成は、直接的には 1990 年代の消費環境の悪化によって引き起こされたものである。しかし、1980 年代から 2000 年代までの約 30 年間

における日本の消費変化を概観すると、それは消費社会の価値観の根本的な転換を伴ったものであることが分かる。小売業の変化はこのことを抜きに論じることはできない。

1-2. 業種から業態へ

　日本の小売業は、1980 年代までは比較的順調に成長してきた。小売商店数は減少に転じていたが、小売販売額は増加を続けていた。また、業種構造においては、明らかに市場の縮小を反映して衰退している業種（呉服小売業、寝具小売業、家具小売業、書籍小売業など）がある一方で、市場の拡大を反映して成長している業種（医薬品・化粧品小売業）もある。しかし、同時に、個別の市場分野の動きでは説明できない変化が生まれていた。それは、特定の業種の枠を超えた"業種"の伸長である。たとえば、飲食料品小売業（中分類）では、野菜・果物小売業、鮮魚小売業、食肉小売業などの生鮮食品分野の小売業の商店数・年間販売額はともに大きく減少をしているが、各種食料品小売業（小分類）は、一貫してその比重を増加させている（飲食料品小売業の年間販売額に占める割合は、1982 年 36.6％、2007 年 41.9％、2014 年 46.0％）。この各種食料品小売業は、1970 年代から成長を開始した食品スーパーとほぼ重なる存在である。業種横断的"業種"の登場は、小売業が特定の商品分野の消長に規定される存在（業種）から、立地、品揃えや売り場作りなどの経営を基本とする存在（業態）へと脱皮していくことを示唆していた（ここでは、業態をまずは商業統計の定義に依拠して捉えている）[4]。

　つまり 1980 年代以降の小売業の成長は、個別の市場分野の成長によるというよりも、小売業態とそれを担う新しい小売勢力の登場によって促進されたものである。地域の中小小売業が中心であった日本の小売業が企業的勢力中心の構造へと転換していったのが 1980 年代であった。中小小売業の比重の低下が続く一方で、企業的経営を行う小売業の比重が上昇していた（従業者 4 人以下の小売商店の割合は、1982 年の 84.2％ から 2007 年には 66.2％ まで低下している。2014 年は 62.6％）。このような状況を受けて、小売業の構造変化は、業種や規模（従業者数）ではなく、業態とそれを事業とする企業経営の視点から分析す

ることが必要となっていた。"業種から業態"へと小売業を語る言葉が変わったのが1980年代である。

　小売業の変化を、業種や従業者規模ではなく小売業態の視点から捉えると、それはよりダイナミックな様相をみせる。

　商業統計（業態編）によるならば、総合スーパーの販売金額は、1997年の9兆9,566億8千9百万円から2014年の6兆137億7千7百万円まで約40％の減少。百貨店の販売金額は、1997年の10兆6,702億4千百万円から2014年の4兆9,226億4千6百万円まで約54％の減少。それぞれ小売販売額全体に占めるシェアは、総合スーパーは6.7％から4.0％へ、百貨店は7.2％から4.0％へと後退している。小売販売額全体が縮小していることもあり、この二つの業態の基盤縮小は明らかである。一方、基盤を拡大させている業態は、食品スーパー、コンビニエンスストア、ドラッグストアである。つまり1980年代以降の日本の小売業の変動は、総合スーパーと百貨店という日本を代表する2大小売業態に生じた異変であり、異なる経営の仕組みを有する新業態との勢力交代現象ということができる（セブン＆アイやイオンは、百貨店、総合スーパー、食品スーパー、コンビニエンスストアなどの複数の小売業態を擁する複合経営を行っているが、ここでは、小売業態は独自の事業モデルによって自律的に経営されるものと想定している）。

2. 小売業態の主役の交代

2-1. 「適応システム」としての小売業態

①小売業態の盛衰の理論

　小売業態の視点で捉えるとき、なぜ小売業の構造変化は非連続なダイナミック変化を示すのであろうか。

　アメリカの小売業のダイナミック変化を説明する代表的な理論に「小売の輪理論」がある。これは、二つの仮説から構成されている。第一の仮説は、新しい小売業態は既存の小売業態にはない"小売革新"を背景に登場することであ

る。第二の仮説は、市場に浸透し成功していく過程で業態に変質が生じるということである。S. C. Hollander（1960）の整理によると、アメリカの小売業は、常に"低マージン・高回転"の価格訴求力を発揮する革新的勢力として登場するが、成功するに伴い店舗規模の拡大（品揃え訴求）へ、さらにサービスを訴求する業態へと変質する。その結果、低コスト競争力を失い、新しい価格訴求業態の参入を招く（小売の輪が回転）というものである。第二の仮説は、小売企業の経営規模の拡大に伴う店舗経費や人件費その他間接経費の増加を示唆している。また、小売業態として成功していくために対象市場層の拡大が必要であり、いわゆるマス市場を対象とした品揃えやサービス訴求が不可欠になると考えられる。この考え方は、田村正紀（2008）の業態盛衰のモデルの中でも展開されているが、ニッチ市場を対象に登場してきた革新的業態は、競争を制し圧倒的市場部分を抑えることで成功していく。そして、最も成功した店舗タイプが標準形となり覇権的業態として君臨していくことになる。しかしそのことは、革新性の低下と独自性の喪失と裏腹の現象であり、凋落への萌芽があることを意味している。

　小売の輪理論に特徴的な考え方は、小売業の歴史を小売革新の連続と捉えていることである。スーパーマーケット、総合ディスカウントストア、ドラッグストア、コンビニエンスストア、スーパーセンターなどアメリカを代表する小売業態は、いずれもチェーンストア方式とセルフサービス販売を共通要素としながら、独自の店舗タイプを開発することで覇権的業態となった。店舗運営を支える仕組みと売り場づくりの両面に既存業態にない新しさを持ち込んで成功したのである。そして、その中で店舗の標準形を完成させた企業が圧倒的な存在となる。小売業態の変遷は、企業の成功の歴史としても語ることができる。

　もう一つの特徴的な考え方は、革新は常に陳腐化することから小売業態も陳腐化するということである。当然のことながら、小売業態を担う小売企業もその運命を免れることはできず、業態の陳腐化に伴い盛衰サイクルを描くことになる。

　小売の輪理論があくまで規範的理論にとどまり実証的研究の枠組みになりえないのは、業態の変革を小売革新と競争変化への対応という経営行動的側面で

説明しながら、小売業態の盛衰は不可避という循環論的視点で捉えているためである。しかし、小売企業の激しい盛衰が繰り返されてきたアメリカの小売業の現実を経験的に語る魅力的な理論であることは間違いない。

②日本の小売業態の変化適応

　日本の小売業には、この小売の輪理論はそのままでは応用できない。それは、店舗タイプが標準形として完成し覇権的存在となるアメリカの小売業と、店舗タイプが未完成で多様な展開を示す日本の小売業の違いである。さらに、"低マージン・高回転"の価格訴求を小売革新の原点とするアメリカの小売業発展の論理は、日本では通用しない。日本では、生鮮食品の鮮度管理と店内加工の技術で業態を成立させた食品スーパー、受発注システム高度化と多頻度小口配送の仕組みで業態を発展させたコンビニンスストアなどそれぞれの業態固有の革新を見出すことができる。しかし、アメリカの小売業と同様に、日本においても主要小売業態の盛衰と激しい交代現象が生じている。小売の輪理論だけでは説明できない別の論理が作用していると考えるべきである。

　小売の輪理論においては、消費の変化は前提とされていない。消費社会は既に十分に成熟化しており、消費者は価格志向の合理的行動を取るものと想定されているようにみえる。そして、格上げ過程に示される業態の変質は、同一業態あるいは異業態間競争への対応行動として説明されている。業態の衰退を規定するのは、コスト競争力に勝る異業態の登場である。ここでは競争の次元のみが強調されている。

　これに対して日本における小売業態の盛衰は、むしろ消費環境変化への適応・不適応の側面が大きく関連しているようにみえる。そのことは、先述の総合スーパー業界の変動からも説明できる。

　総合スーパーは、高度成長期の日本の消費社会に適応する形で登場した代表的な"日本的業態"である[5]。それは、セルフサービス販売、総合的品揃えと大型店舗を特徴としているが、1960年代の初め、個人消費の爆発的拡大に対する供給体制の遅れという市場機会を掴むことで成立した業態である（一般的に1963年のダイエー三宮店を嚆矢としており、総合的品揃えの量販店と定義され

る）。アメリカのチェーンストアを参考にはしているが、店舗は全く標準化されることなく、立地や市場環境に合わせて多様な店舗が作られてきた。標準形は存在せず、その意味で未完の業態といえる。

　ただし、総合スーパーは1960年代〜1970年代の消費者ニーズにうまく適合していた。食品や日用雑貨、衣料品、家電品などの総合的品揃えで"何でも揃って便利で安い"店として消費者の支持を得ていたのである。大衆消費社会の価値観を象徴する店舗であり、この時代の主役となった。総合スーパー企業ダイエーが三越の売上げを超えて小売業第一となったのは1972年である。さらに、1980年、ダイエーは日本の小売業として初めて売上げ1兆円の大台を実現している。

　小売業態には、製品と同様にライフサイクルがあるといわれる。つまり、小売業態の盛衰は、導入期、成長期、成熟期、衰退期の段階を進んでいくということである。Davidson, et al.（1976）は、これを小売ライフサイクルと呼び、生成期、加速発展期、成熟期、衰退期の4段階を区分している。この考え方によるならば、総合スーパーは、1980年頃を境に拡大成長期から成熟期に入ったとみることができる。その一つの証左は、1981年〜1982年頃、有力総合スーパー企業がいずれも経営業績を悪化させたことである。それまで急成長を続けてきた総合スーパーの減速は驚きをもって受け留められた。当時、売上げと利益率低下に加えて有利子負債の大きさから財務体質が悪化しており、経営面で苦境に陥った企業が目立ったことで危機の到来と囁す向きもあったが、業態論の視点からは、新しさ（革新性）の喪失、同一業態内競争の激化、そして総合スーパーを脅かす新業態（食品スーパー、家電量販店、専門店チェーンなど）の登場などがあり、典型的な成熟期に入ったとみるのが適当である。総合スーパー企業の業績悪化は、直接的には売上高拡大を目指す有力企業間の激しい出店競争によるものである。それは、店舗規模と店舗数の多さが競争力に直接繋がる総合スーパーの業態特性からもたらされた。いわゆるオーバーストア化のもとで既存店舗の業績悪化が表面化したのであった。ただし、これに加えてより本質的な問題は、総合スーパーが1980年代の急速な消費の変質に不適合を生じさせたことである。1970年代までは消費を牽引する存在であったが、

1980年代に入ると、消費者にとって "何でも揃っているが、安くもなく、便利でもなく、特に欲しいものもない" 店舗になっていた。安さでは家電やカメラ量販店があり、日常的な利便性では食品スーパーやコンビニエンスストアがあり、品揃えでは専門店チェーンがある。1980年代の小売業態多様化（分化）が総合スーパーの主役の座を脅かし、次第にその基盤を侵食していったということができる。そして、この業態多様化は、1980年代の消費変化（サービス化、個性化、多様化）を反映するものである。マス消費（単品大量生産・販売）の論理を標ぼうして成功した総合スーパーであるが、成熟市場に必然の市場の分裂現象（多品種多品目少量化、こだわり志向と価格志向の二極化）に対する不適応を生じさせたといえる。

　総合スーパー企業は、総合スーパー業態のこのような制約を経営努力によって乗り越えようとしてきた。その第一は、立地転換とSC（Shopping Center）開発である。ジャスコ（現イオン）は、郊外立地の可能性に着目し、郊外型SC開発とその核店舗に総合スーパーを位置づける政策を展開した（現在は、都心回帰の流れを受けて駅再開発立地などを重点化している）。第二は、成熟消費の一側面であるこだわり志向に焦点を合せて専門的品揃えの売り場づくりを目指すものである。第三は、多品種多品目小口化に適合する供給システムの構築である。これは、1984年頃から進められたイトーヨーカ堂（現セブン＆アイ）の業革という仕入れ・物流改革が代表的であり、店舗を支える仕組みを変えることで消費変化に対応しようとしたのである。1990年代後半から2000年代初めに生じた再編成の中でイニシアチブを握ったのは、上記のような工夫で総合スーパーのライフサイクルの延長を図った企業であった。

　このようにみてくると、小売業態は、単なる店舗タイプではなく、企業の競争力と収益の源泉であるとともに、消費変化への「適応システム」であることが分かる。特にこの消費変化への適応という側面は、日本の小売業に強くみられる特性である。店舗タイプの標準形を基本とするアメリカの小売業においては、消費変化への適応は、業態の新旧入れ替えによって行われる。ただし、企業の盛衰の激しさにみるように既存業態から新業態への移行は容易なものではない。一方、日本においては、複数業態を同時に擁するとともに、既存業態の

改善やテコ入れによって消費変化への適応が行われる。業態は未完成なままであり、変化への柔軟な適応が図られてきたといえる。

2-2. 主役業態の交代の意味―流通システムの変革

　小売業態を消費変化への適応システムと捉えるとき、総合スーパーが直面した危機は、その適応力を超えた環境変化の大きさであった。それは、単なる消費低迷や価格志向の強まりという次元ではなく、消費社会の価値観の変化を伴っていたことである。つまり、小売業態に内在している「時代（登場した時代）」の価値観や論理にずれが生じたといってよい（ただし、適応システムの潜在力が発揮される限り、再生の可能性はある）。

　総合スーパーが高度成長期の価値観を反映する業態であるとするならば、総合スーパーに代わり主役の座についたのはコンビニエンスストアである。業態規模としては食品スーパーの方が大きいが、成熟消費社会の論理を色濃く反映させることで成功した業態である。

　総合スーパーと同様に、コンビニエンスストアも日本で独自の発展をした"日本的業態"である。1970年代後半、総合スーパーの成長減速が生じた頃に、コンビニエンスストアの成長が始まっている。総合スーパーにとって逆風となり、コンビニエンスストアにとって追い風となった消費変化は、単身世帯の増加と個食化など消費単位の縮小である。さらに、消費の24時間化への対応など空間だけでなく時間利便性を求める消費者ニーズに適合したことがあげられる。この利便性の追求は、宅配と組んだラストワンマイルを実現する業態としてさらなる成長が期待されている。

　このコンビニエンスストアの成功には、消費変化への対応だけでなくそれを支える流通システムの変革が無視できない。業態の成功には、それに適合する流通システムが不可欠というのが日本の小売業態を捉える重要な視点である。

　総合スーパーとコンビニエンスストアの業態の差異は、それぞれが対応する消費の在り方の違いとともに、店舗を支える流通システムの論理の違いから説明することができる。

　総合スーパーは、単品大量仕入れによる規模の経済を追求するところにその

本質があった。ただし、店舗選択において何よりも品揃えの充実を求める日本の消費者に対応するために品揃え（品種品目数）は常に拡張する傾向があり、単品大量仕入れの効果は限定的であったが、大量生産・大量販売の論理のもとで、メーカーや卸売業者に対する仕入れ交渉力が追求されたのである。ここで前提とされているのは、供給を上回る需要の大きさである。したがって、需要は積極的な販売促進や特売で十分に刺激されるため、需給のミスマッチによる在庫過剰は意識されていなかった。メーカーと総合スーパーの間に卸売業者が介在し、在庫負担を軽減していることもあるが、典型的に仮需をベースとする"投機の原理"による仕組みである。この原理は、需要が十分あるときは効果的であるが、需要不足の状態では在庫過剰の問題が表面化する。さらに、需要が細かく分裂し多品種多品目化している状況のもとでは需要と供給のミスマッチが生じやすい。在庫過剰と在庫不足（欠品）が頻発することになるのである。1980年代の総合スーパーを苦しめたのがこの問題であった。

　この在庫問題に対する方法が、需要予測を可能な限り実需発生時点に近づけ精度を高めること、そして受注と配送単位を小さくしかつ発注から配送までのリードタイムを短縮することで在庫過剰と欠品を発生させにくくさせる、いわゆる"延期の原理"に依拠する供給システムである。完全な実需起点は困難で、ある程度の調整用在庫保有は必要であるが、在庫と配送をできるだけ実需（店頭）の動きに連動させる"同期化"による問題解決が図られてきた。これを最も効果的な仕組みとして完成させたのがセブン‐イレブン・ジャパンであり、コンビニエンスストアシステムと呼ばれている。規模の経済を追求する総合スーパーに対して、この速度の経済を追求するコンビニエンスストアは、1980年代以降の成熟消費社会に最もうまく適合した業態となった。

3. 店舗小売業と通信販売業の関係

3-1. 流通革新としての通信販売業

①通信販売業の強さ

　通信販売は、19世紀後半にアメリカに登場した小売の革新的勢力の一つである。郵便制度と鉄道網の発達を背景に、新聞広告や総合カタログを媒体として全米に販路を広げて急速な成長を実現してきた。1886年創業のシアーズローバックと1872年創業のモンゴメリーワードがその代表である。いずれも20世紀に入り、店舗販売事業を平行して進め、総合量販小売業（ジェネラルマーチャンダイズストア：GMS）としてアメリカの小売業界に君臨する一大勢力となった。シアーズローバックが、（全米かつ世界）小売業第一位の座を、総合ディスカントストア業態を柱に急成長してきたウォルマートに譲ったのは1993年のことである（その後、Kマートと経営統合）。このシアーズローバックの激しい浮沈は、まさに小売の輪理論の示唆する業態盛衰の構図を体現するものといえる。

　通信販売は、チェーンストアとセルフサービス販売と並ぶ代表的な小売革新の一つである。その特徴は、店舗小売業と対比することでより明らかになる。

　第一に、通信販売は、店舗小売業の最大の弱点である"商圏"（地理的範囲）の制約を超えることができる。店舗小売業は、この商圏の制約を、一つには店舗規模の拡大（店舗を大型化することで消費者を吸引できる商圏を拡大。百貨店や専門店が事例）によって解決しようとしてきた。もう一つが、多店舗展開である。中小型店舗を多数展開することで個別店舗の商圏制約を超えたのである。全体として統制しながら多数の店舗展開を遂行していくチェーンストアは、地域に限定されていた小売業の在り方を根本的に変えた革新である。ただし、それでも個別店舗は地域の事情に規定される。それに対して、通信販売は地域固有の事情に全く左右されることなく、広く需要を開拓していくことができる。また、近くに店舗がない消費者には便利である。

　第二に、店舗スペースに規定される品揃えの制約から解放されていることである。店舗小売業においては、来店時における消費者の比較購買と関連購買のニーズに対応するため実在庫による品揃えを構築する必要がある。また欠品は販売機会のロスに繋がるために店頭在庫（それを補充する在庫）が用意されていなければならない。また、消費者の多様なニーズに可能な限り対応するために品揃え（品種品目数）は拡張する傾向がある。これに対して、通信販売では、事前の情報探索が可能である。かつある程度の"待ち時間"が許容されており、商品が購買時点に必ず用意されている必要はない。つまり、情報探索、商品選択、注文、商品配送（入手）、代金支払いの購買過程の各活動がほぼ同時に遂行される店舗小売業に対して、各段階が時間差をもって行われる。そのため通信販売では、物流センターでの集中在庫が可能になる。また、注文の変動に応じて仕入れ量を調整することで在庫負担の軽減が行われてきた。日本のカタログ通販においては、基本的に在庫は生産者が負担し、通販業者に注文が入った段階で生産者への発注・納品・代金支払いという百貨店業界の委託仕入れに類似した取引慣行も採用されてきた。

　これまで経験的に、通信販売には、需要層が限定されている商品、需要時期が限定されている商品、需要変動の激しい商品（予測が難しい）が適合するといわれてきた。いずれも在庫リスクが高く店頭在庫しにくい商品ということである。

　この在庫コストの軽減は、店舗小売業に対する通信販売業の最大の強みといえるものである。もちろん、頒布会方式のような完全な受注型生産・販売方式でない限り、需給調整のためにある程度の中間在庫は必要であるが、集中在庫による在庫軽減の可能性は大きい。ただし、このためには、需要予測精度を高めること、注文から納品、代金回収までの一連の過程を迅速かつ効率的に進め、全体サイクルを早く回転させることが肝要となる。

　第三に、店舗小売業に不可避の営業時間の制約から解放されていることである。通信販売では、24時間いつでも商品の注文が可能である。店舗に買い物に行く時間がないとか、店舗の営業時間と買い物時間とのずれが大きい消費者には便利である。さらに、テレビ、新聞広告、カタログ、DMなどいずれも媒

体を通しても事前の情報探索と商品選択の時間的自由度が高いという特性がある。通信販売は、購買意思決定における情報探索・比較の過程が重要な商品には適合する販売方法である。

第四に、反復注文を通して顧客情報が蓄積され、需要予測、市場分析、商品開発に活用されることである。これは、基本的に不特定多数の消費者を対象とする店舗小売業との本質的違いといえる。通信販売が比較的古い販売手法であるにもかかわらず、現在の顧客起点マーケティング、顧客データベースマーケティングに繋がる現代的特質をもっているのはこのためである。使用される媒体は時代によって変化しているが、対象となる顧客層の絞りこみが可能で、かつ個別の顧客ニーズへの対応の精度が高いというのが強みである。

②通信販売業の弱さ

以上の点は、一般的に通信販売の強さ（店舗小売業の弱さ）と認識されるものである。これに対して、通信販売の弱さといえるのが次の点である。

第一に、実物を見ないで購入決定することへの消費者の不安や抵抗の大きさである。これは通信販売の最大の壁と考えられてきた。経験的には、通信販売には、失敗が許容されやすい商品（総じて低単価）、購入経験を通して慣れが生じやすい商品、商品属性、機能、品質などの説明が明快で事前探索と商品選択が行いやすい商品が適合すると考えられてきた。もちろん、この壁を克服するために、通信販売業はさまざまな工夫を行っている。たとえば、試用の機会の設定（お試し商品の提供）や一定期間の範囲内で返品を認めることである。消費者にとって強制的な販売も起こりうる訪問販売と異なり、通信販売では消費者の選択の自由度の高さから、この返品許容はあくまで業者側の自主的な判断で行われてきた（訪問販売におけるクーリングオフ制度は、特定商取引法9条による義務づけ）。この返品許容は、消費者の心理的抵抗感を下げるために不可欠な要件となっている。

第二に、通信販売は"人"を介在させない販売手法ということである。この点が、店舗小売業との大きな違いである。店舗小売業においては、販売員コスト比率の高さが常に悩みであった。これを解決する方法がセルフサービス販売

である。店頭販売業務を徹底的に簡素化することで、売り場に配置する販売員数の削減と非熟練の販売員の対応を同時に可能にさせたのである。これにより、多店舗化と企業規模の拡大が可能になっている。百貨店や専門店を除く主要小売業態は、ほとんどこのセルフサービス販売を採用している。

　それでも完全な自動販売（自販機）でない限り、売り場から"人"を完全に排除することはできない。セルフサービス販売を採用している小売業態においては、店頭での説明の必要性の少ない商品分野であることが共通している。それは、消費者に十分な知識や経験がある商品、有名メーカーのブランドとして保証されている商品、あるいは標準化や規格化が進み外形的に品質の判断が容易な商品である。ただし、その場合においても、問い合わせや相談、苦情、返品と代金返金、取り寄せ、自宅配送など細かな顧客とのやりとりのための"人"の配置は不可欠である。小売業の本質が、消費者への利便性提供と悩み解決への支援にあると考えるならば、顧客対応の接点である売り場の在り方はその競争力を大きく左右するからである。このため、セルフサービス販売を基軸としながらも対面販売のコーナーを組み入れるとか、顧客サービス担当者を配置するなどの工夫が行われている。

　この"人"の問題に関しては、通信販売の店舗販売に対する強さは両義的である。

　受注、配送、代金回収の一連の販売業務が定型化され集中的に処理されることで、店舗小売業のような販売員コストは発生しない。このことは強さである。ただし、問い合わせ、相談、苦情などの個別の顧客対応は"人"を介して行われる必要がある。多くの場合、これは電話オペレーターを配置して対応されている。

　以上の2点を考慮するならば、通信販売業と店舗小売業のそれぞれの強さと弱さは相対的であり補完的でもある。ある環境変化が通信販売に有利に作用するということはあるとしても、通信販売業が店舗小売業を凌駕することは考えにくいのはこのためである。

3-2. 通信販売業の成長の理由と背景―流通システムの変革

それでは、最近の通信販売業の成長と店舗小売業の基盤侵食現象をどのように考えるべきであろうか。

日本通信販売協会によれば、2015年度の通信販売の売上高は6兆5,100億円であり、対前年比で5.9％の伸長となっている。既述の通り、日本の小売業全体が縮小を続けているなかでの通信販売業の伸長は注目されている。ただし、その中身をみると、専業および兼業のカタログ通販業は不振であり、成長は主としてネット通販によってもたらされたものである[6]。

ネット通販を代表するのはアマゾンである。アメリカにおいて、バーンズアンドノーブルなどの有力書籍チェーンを経営不振に追い込み、最大の小売企業ウォルマートを脅かす巨大な存在に成長している。日本においても、書籍や家電品の分野を中心にその影響が現れている。ネット通販には、業者（生産者や小売業者）に出店の場を提供するモール型と自ら商品の仕入れ・販売を行う小売販売型があるが、既存の流通に特に大きな影響を与えると考えられているのは後者のタイプである。

通信販売業の成長を規定する要素として、消費変化と流通システム変化の二つがある。

19世紀後半にアメリカで通信販売業（総合カタログ通販）が成立したのは、一般消費者の購買力増大とともに店舗数の少なさ（東部から中西部への人口移動）によって“（空間的）不便さ”が拡大していたことがある。そして、郵便制度と鉄道網の整備が情報・物流のインフラを提供したのである。特に、小包（宅配）が果たした役割は大きい。

しかし、シアーズローバックの事例が示すように、20世紀においては通信販売業の位置づけは限定的となり、店舗小売業が主役となっていった。これは、チェーンストアの展開によって、空間的不便さが解消されていったことが大きい。また、長時間営業が普及することで、時間的不便さも解消されていった。この結果、通信販売業は、相対的“不便さ”、すなわち店舗小売業が不得意とするような商品分野やニッチ市場に焦点を合せた事業展開を行うように

なっていた。店舗密度が高く、空間的・時間的利便性の高い日本市場においては特にこの傾向が強く、独自性の高い商品開発や品揃えを特徴とする通販事業者が存在している。通信販売業は店舗小売業と棲み分けをしていたといえる。

このような安定的状況を崩したのがネット通販である。

ネット通販は、流通変革（小売業態の変遷）の流れのなかでどのように位置づけられるべきであろうか。

ネット通販の伸長には、インターネット普及に伴う消費者の情報探索（比較、共有）行動の変化が関係している。特に、店舗小売業が抱えている空間的・時間的制約を一気に解消したということが大きい。また、品揃えの制約も解消している。さらに、販売データ、在庫データ、返品データ、顧客データは自動的に蓄積され、それらの分析を通して個別顧客対応が可能になる。つまり、ネット通販は店舗小売業の本質的弱点を解決した販売手法である。その意味で、通信販売業の枠組みを超えた"通販"といってよい。さらに、通信販売業の最大の弱点の一つである"待ち時間"に関しては、受注から配送までの時間短縮が試みられており、当日配送が可能になっている。

このように特徴を整理すると、ネット通販の可能性は一見限りないようにみえる。しかし、ネット通販にはその固有の制約がある。

一般的に指摘されていることであるが、消費者自ら情報端末を操作しなければならないことから、慣れ・不慣れ、好き・嫌いの面から利用者は一定の範囲にとどまる。これは、消費者のほとんどすべてに対応できる店舗小売業との違いである。また、物流に依存しなければならないことは一つの制約となる。ネット通販は、主として情報流に生じた変革であるが、物流がそれに追いつけないという事態が生じうる。ネット通販に対応する物流センターや配送システムの構築（配達場所の多元化など）が進められているが、物流は基本的に配送担当者という人的要素に規定されている。人手不足や人件費高騰は無視できない。

これに加えて、ネット通販は、商品コードや定型化情報を前提として成立していることが大きい。探索や検索容易性、比較可能性が最大の特徴といえる。これが有効な商品分野に強いということである。ネットが中小の事業者にとっ

て情報発信の場となるということは別にして、少なくとも小売販売型のネット通販が成立する理由は、在庫情報、受発注情報、販売情報、配送情報、決済情報などが一元的に管理されるトータルシステムとして運営されていることが上げられる。しかも、店舗の実在庫が不要で、物流センターでの集中在庫が可能である。ネット通販が大きな力を発揮しているのは、多品種多品目化の中で店舗在庫の制約が強く意識されている商品分野である。この問題に関しては、前述の通り、店舗小売業では"同期化の原理"に基づいた供給システムの構築が進められた。いわゆるサプライチェーン・マネジメントである。つまり、小売販売型のネット通販は、サプライチェーン・マネジメントの無店舗的展開といってよい。それは、速度の経済に基づく徹底した効率化を実現するものであり、プラットフォームを占有することで一人勝ち（寡占化）が可能になる（ここでは、プラットフォーム型ネット通販と呼ぶことにする）。

　ネット通販は、基本的に成熟消費の合理的消費の側面に対応するものといえる。そうであれば、成熟消費のもう一つの側面であるこだわり消費は通信販売にどのような影響を与えているのであろうか。それは、非ネット系の通信販売業にみることができる（ここでは、情報通信業者であるネット業者が行う通信販売に対して、主として生産者、卸、店舗小売業、そして既存の媒体業者（テレビ、新聞、雑誌など）が行う通信販売を非ネット系として定義している。そこで採用されている媒体にネットが含まれているか否かを問うものでない）。

　非ネット系通信販売業については、店舗小売業と類似の業態分化の構図をみることができる。1960 年代のマス消費に対応する形で成長したのが総合カタログ企業である。フジサンケイリビングサービス、ニッセン、千趣会などがその代表である。消費者の時間や空間の買い物利便性ニーズに対応しながら、その品揃えは、衣料品や雑貨を中心として広く浅い総合的な品揃えを特徴としていた。通信販売に適合する商品として、喪服、靴や鞄、寝具、小物家具やインテリア用品、健康食品、健康器具などがあげられるが、重点商品分野を中心としながら総合スーパーに類似した品揃えの傾向を有していた。

　ただし、小売店密度が高い日本においてはカタログ通販の展開する余地は限られていた。そのため、商品分野を絞り込み限定的品揃えで狭く深い品揃えを

行う専門カタログ企業の独特の在り方がみられる。化粧品、健康食品、スポーツ・アウトドア用品、家具・インテリア用品、園芸用品、健康器具、介護用品、ギフト用品などを扱う小売店舗が限られていることもあり、店頭での品揃えや在庫に制約の大きい（低回転かつ多品種多品目）商品分野に専門カタログ通販の成長の余地がある。これは、1980年代以降の消費の多様化・個性化と対応するものであり、総合カタログ通販企業や百貨店通販においても総合カタログと専門カタログを組み合せて消費者ニーズの変化に対応が行われた。いわゆる市場細分化（分裂）へのカタログ通販の適応といえる。そして、その延長にメーカー系通販という新しい勢力の台頭が生じている。

4. 店舗小売業と共存する通信販売業

　通信販売業をめぐる重要な論点は、なぜネット通販が店舗小売業の基盤を侵食するのかということである。第二の論点は、急成長しているネット通販と従来のカタログ通販とは同じ延長線上にあるのか、異質な論理に立った業態なのかということである。

　これを考えるためには二つのことを整理しておく必要がある。第一は、流通システム革新の視点であり、第二は、マーケティング革新あるいはマーケティングコミュニケーションの視点である。

　書籍、文具、家電品、化粧品、衣料品などの分野で、店舗小売業の基盤を侵食しているネット通販業は"プラットフォーム型"と通称されている。それは、探索、注文、支払い、配送の一連の購買過程をシステム統合し、徹底した時間利便性の提供を追求している。これは、20世紀初頭に登場したチェーンストアに匹敵する流通革新としての意味を有しているといってよい。

　チェーンストアは、本部と店舗とを機能（仕入れと販売）分離し、本部集中仕入れによる規模の経済の追求を基軸とする流通組織であり、大量生産・大量販売を実現したものである。ただし、チェーンストアにはもう一つの原理が組み込まれている。それは、速度の経済の発揮である。チェーンストアは、本部と店舗を分離するとともに、仕入れ、在庫・配送、そして販売の各過程を需要

と供給の一元化の視点から機能統合し、（市場）取引を内部化したところに真の強さがある。その全体システムを一つの仕組みとして動かすのが、在庫情報と販売情報である。チェーンストアでは数値管理が徹底されている。それは、需要予測の精緻化とそれに基づく仕入れと在庫管理である。基本的には実需起点の流通組織といえる。ただし初期的なチェーンストアでは、実需情報の掌握と販売予測の精緻化が困難であったため、それを補う形で店舗の標準化と品揃えの限定が行われたと思われる。A&Pやウールワースの初期的店舗は、いずれも小型店舗かつ限定品目（200〜300）を特徴としている。もちろん、このことが、これら企業の単品大量仕入れ力となり圧倒的価格競争力に結びついたことは間違いない。ただし、これは、当初から単品大量仕入れを目指したというより、予測精度の低さから市場リスク（需給のミスマッチ）が生じにくい仕組みづくりを目指した結果と考えられる。不確実性が低く需要が明確に掌握できる品揃えに限定するならば、消費者に訴求するポイントは価格の安さになる。初期的チェーンストアが擁した小売業態が、いずれも低マージン高回転（低価格）を特徴としていたことは、このように考えると当然のことといえる。1960年代の日本に、流通革命の名のもとに紹介されたのはこのような論理を秘めた初期的チェーンストアであった。

　しかし、チェーンストアの在り方は、1980年代に入り大きく変化したといえる。それは、商品コードの普及、そしてPOSシステム、受発注システム、物流情報化の進展に伴い、実需と在庫分析の精度が飛躍的に高まったことによる。単品ベースのきめ細かい需要予測と多頻度小口配送を組み合わせることにより、初期的チェーンストアのように品揃えをあらかじめ限定しておく必要性はなくなったということである。実需の変化に合わせた柔軟な品揃え変更を実現したのが、日本のセブン–イレブン・ジャパンである。CVSチェーンは、流通情報化を背景としたチェーンストアの進化形といえる。ここでは単品大量仕入れの原則は不要となり、多品種多品目小口化の原則が代わって登場している。

　そして、流通情報化の視点からチェーンストアを見直すと、その本質がネットワーク組織であることが改めて確認できる。卸（商業）介在の根拠として有

名な M. ホールの理論の中で、情報縮約整合と集中貯蔵の原理を最もうまく体現するのが、本部をネットワークのコアとするチェーンストアであることは皮肉といえる。チェーンストアは、小売販売の組織というよりも売場を起点とする供給システムとしての特性を内在させている。1990 年代後半からの電子商取引（EC）の広がりは、この供給システムの到達点を売場から消費者個人まで進めたということができる。そこには、販売情報、受発注情報、在庫情報に加えて、消費者個人の購買履歴情報が加わることで予測精度はさらに高まることになる。

　このように考えると、ネット通販（プラットフォーム型）が、家電品、書籍、衣料品のチェーンストアの基盤を崩している理由が見えてくる。つまりネット通販は、チェーンストアの原理の延長に登場したものということである。物流問題や社会的制度が一定の歯止めをかけるとしても、その伸長に必然性があることは確かである。

　以上は、あくまで流通システムの観点からの議論である。しかし、ネットは改めて人的・非人的コミュニケーションの在り方に大きな一石を投じることになった。それは、二つの典型的な現象の考察からヒントがみえてくる。一つは、ネット通販の攻勢に対応する店舗小売業における顧客との生きた接点としての"売り場回帰"という現象であり、もう一つは、メーカー系通販の伸長である。ここでは、マーケティングコミュニケーションの視点から非ネット系通販業の存在に注目している。

　印刷媒体（新聞、DM、カタログ）、電波媒体（テレビ、ラジオ）、そしてネットへという媒体変革の過程を捉えるならば、印刷媒体に依存するカタログ通販がネット通販に入れ替わっていくのは必然的である。それは、媒体の変革を契機として通信販売の世界に生じた業態の新旧交代ということになる。

　しかし、ここで整理してきたように、ネット通販と非ネット系通信販売はそれぞれ異なる論理で構築されているように思われる。いずれも店舗小売業の抱える相対的"不便さ"に対応しているが、その切り口に違いがある。つまり、ネット通販は、探索性、比較容易性、即時性ニーズにより強く対応しており、"時間コスト"と効率が訴求ポイントとなる。それは、供給者の中で構築され

た供給システムが店頭を越えて消費者まで巻き込んだ（ラストワンマイルの）トータルシステムとなっていく過程を意味している。つまり、ネット通販は店舗小売業と対立的ではなく、この二つが交錯し（ときに置き代わって）流通システム変革が進んでいく現象と捉えることができる。そこには、いわゆるオムニチャネルの示唆する世界がある。

　これに対して、非ネット系の通信販売業は、店舗小売業との一種の棲み分けを基本としてきた。つまり店舗小売業では捉えにくい消費者ニーズを対象としてきたのである。通販適合商品や独特の通販顧客層があるといわれてきたのはそのためである。ここにおいては、市場の切り口の独自性（マーケティングコンセプト）やターゲット顧客設定、そして顧客関係性構築が重要な決め手となる。ネット系では、時間の短縮が価値となるが、非ネット系では時間をかけた対応（需要開拓や反復購買によるニーズの深堀りなど）が価値となる。

　この論理の違いに注目するとき、ネット系と非ネット系を同じ通信販売業として扱うのは適当ではない。世間一般の関心は、急速な伸長を示すネット通販にあるが、消費変化とそれへの適合という観点からは非ネット系の通信販売から示唆を得ることが大きい。ネット系通販（プラットフォーム型）は、実需起点の供給システムの拡張という流通システムの変革に後押しされたものである。それに対して、非ネット系通販には成熟消費に適応する新しいマーケティングの仕組みとしての可能性をみることができるというのが本書の基本的考え方である。

（1）1980年代の消費論に共通するのは、成熟消費の多様な在り方へのとまどいと、中流幻想という言葉に象徴されるように忍び寄る"格差"への不安であった。博報堂生活総合研究所（1985）。
（2）規模の巨大さをいたずらに信奉するのではなく、人間的規模（ヒューマンスケール）の重要さを指摘することでその後大きな影響を与えている。企業組織や都市においてもそれぞれ適正規模があり、例えば都市においては、規模の拡大が価値の増加にならず人間的退化などに結びつくとした。
（3）山崎は、1970年代を近代化100年の時代の終わりと捉えた。そして、その社会的変革のなかで、成熟の時代の個人主義は、目的志向と競争と硬直した信条の個人主義に対して、より柔軟な美的趣味と、開かれた自己表現の個人主義であるとした。山崎

（1984）、58～61 頁。
（4）1970 年代後半以降の日本の小売業の構造変化の本質を、伝統的中小小売業ではなく企業的経営体への担い手の変化として捉えた表現が"業種から業態へ"であった。小売店舗の属性に依拠した分類概念である小売形態に代わり、小売経営的概念として業態という用語が一般的に使われるようになったのである。日本で小売経営の中核としての"業態戦略"を初めて使ったのはダイエー（1976 年）である。中内（2007、原著は1969 刊行）、77～81 頁。
（5）日本の総合スーパーの成立に関しては主としてダイエーを通して語るのが一般的である。ただし、食品を含めた総合的品揃えの大型量販店という日本的モデルを最初に完成させたのはイトーヨーカ堂である。
（6）公益社団法人日本通信販売協会「通信販売企業実態調査報告書（各年度）」、経済産業省「平成 27 年度我が国経済社会の情報化・サービス化に係る基盤整備（電子商取引に関する市場調査）」。

〈参考文献〉
イトーヨーカ堂編（2007）『変化対応―あくなき創造への挑戦 1920-2006』。
小川進（2009）「コンビニエンスストアの革新性―セブン-イレブンの事業システムを通して」石井淳蔵・向山雅夫編著『小売業の業態革新』中央経済社。
川辺信雄（2003）『新版セブン-イレブンの経営史―日本型情報企業への挑戦』有斐閣。
田村正紀（1989）『現代の市場戦略』日本経済新聞社。
―――（2008）『業態の盛衰―現代流通の激流』千倉書房。
中内功（2007）『わが安売り哲学』（復刻版）千倉書房。
博報堂生活総合研究所編（1985）『「分衆」の誕生』日本経済新聞社。
間々田孝夫（2007）『第三の消費文化論―モダンでもポストモダンでもなく』ミネルヴァ書房。
三村優美子（2002）「大型小売業の盛衰と流通システムの変容―流通近代化モデルの有効性と限界」『青山経営論集』第 37 巻第 3 号。
―――（2012）「ダイレクトマーケティングの現代的意義」日本ダイレクトマーケティング学会『Direct Marketing Review』Vol.11, 2012 年 3 月。
向山雅夫（2009）「総合量販店の革新性とその変容」石井淳蔵・向山雅夫編著、前掲書。
矢作敏行（1994）『コンビニエンス・ストア・システムの革新性』日本経済新聞社。
―――（1998）「総合スーパーの成立―ダイエーの台頭」嶋口充輝・竹内弘高・片平秀貴・石井淳蔵編『マーケティング革新の時代④営業・流通革新』有斐閣。
山崎正和（1984）『柔らかい個人主義の誕生』中央公論社。
Brown, S. (1987) "Institutional Change in Retailing: A Review and Synthesis," *European Journal of Marketing*, 21 (6).

Brynjolfsson, E., Y. Jeffrey & M. S. Rahman (2013) "Competing in the Age of Omnichannel Retailing," *Sloan Management Review*, 54 (Summer).

Bucklin, L. P. (1966) *A Theory of Distribution Channel Structure*, Institute of Business and Economic Research, University of California. (田村正紀訳 (1977)『流通経路構造論』千倉書房)

Chandler, A. D., Jr. (1977) *The Visible Hand: The Managerial Revolution in American Business*, Belknap Harvard.

Cochoy, F. (2016) *On the Origins of Self-Service*, Routledge.

Davidson, W. R., A. D. Bates & S. J. Bass (1976) "The Retail Life Cycle," *Harvard Business Review*, 54 (November-December).

Fisher, M., V. Gaur & H. Kleinberger (2017) "Curing the Addiction to Growth," *Harvard Business Review*, 95 (January-February).

Hollander, S. C. (1960) "The wheel of Retailing," *Journal of Marketing*, 24 (July).

Michman, R. D. & A. J. Greco (1995) *Retailing Triumphs and Blunders: Victims of Competition in the New Age of Marketing Management*, Quorum Books.

Schumacher, E. F. (1973) *Small is Beautiful*, Harper & Row.

第2章
マーケティング・チャネル政策の
転換と通信販売
──メーカー系通販浮上の意味と背景──

　加工食品、化粧品、トイレタリー、大衆薬の有名消費財メーカーが通信販売事業（メーカー系通販）の展開を積極化させている。この背景には、いわゆるヘルス＆ビューティ市場の成長に伴い、サプリメント、機能性食品、高機能の化粧品などの需要が拡大していることがある。それに合わせて新製品開発が進められているが、問題はその販路が十分でないことである。これらの製品に共通しているのは説明力や継続使用を支援する「場」の必要である。しかし、これらの有力消費財メーカーが主力としてきた既存の店舗チャネルはうまく適合していないようにみえる。それは、一つには、既存のチャネルがモノの価値を基本とするマスマーケティングの枠組みで構築されているのに対して、これらの市場分野では、サービス価値が重視される新しいマーケティングの枠組みが必要とされているためである。そこで、既存店舗チャネルの代わりに通信販売が採用されたといえる。

　このメーカー系通販には、空間・時間の利便性や品揃え制約を克服する小売販売手法としての通常の通信販売とは異なる論理が作用している。それは、単なる小売販売の手段というよりも、市場開拓、情報伝達（コミュニケーション）、顧客獲得・支援のためのマーケティングの手段として認識されていることである。つまり、メーカー系通販は、マーケティングの枠組み転換を受けた新しいチャネル構築の試みの一つと捉えることができる（具体的な企業事例については第7章で紹介する）。ただし、この通販チャネルは、既存の店舗チャネルに入れ替わるものではなく、あくまで補完的位置づけにある。

　マーケティングの総合力は、製品力、ブランド力そしてチャネル（営業）力の三位一体である。しかし、近年、この3要素を統合する力が弱まり分解しているようにみえる。特に、大型小売業の台頭に伴い、メーカーのマーケティングと流通（卸・小売業）とが"対立的"に捉えられることで、マーケティング全体と整合性のあるチャネル政策を行いにくくなっていることが指摘できる。さらにネット通販（EC）の台頭により、即時性や効率に重点が移り、時間と資源を投入してチャネル組織の構築と維持が行われる従来のチャネル政策の有効性が疑問視されるようになった。したがって、既存チャネルの不整合は、新市場分野との不適合だけではなく、チャネル政策の枠組みの崩壊があることに留意すべきである。

　このメーカー系通販に焦点を合せることで、同質化とコモディティ化の悪循環を脱して製品の独自化・高付加価値化を進める消費財メーカーのマーケティング改革、それに付随する流通取引とチャネル改革の流れを明らかにすることができる。メーカー系通販をマーケティング・チャネル再構築の一環として捉え、その背景とそこにある論理を明らかにすることが本章の目的である。

1. マーケティング・チャネル政策の論理

1-1. マーケティング・チャネルの役割

　1950年代に確立した現代マーケティングの基本的枠組みは、マーケティング活動諸要素を効果的に組み合せ統合するマーケティング・ミックスの考え方に象徴されている。マーケティング・ミックスの考え方を整理したJ. A. Howard（1957）は、マーケティング活動の主要要素として、製品、価格、広告、人的販売、マーケティング・チャネル、立地条件の6要素を上げている。そして、これらの統制可能な諸要素を組み合わせて、統制不可能な需要や競争、非マーケティングコスト、流通機構、マーケティング関連法規などの外部環境に創造的に適応していくとしたのである。これに対して、同時期のマーケティング研究者であるE. J. McCarthy（1960）は、統制可能な諸要素として、

製品（product）、価格（price）、販売促進（promotion）、そして場所（place）の4要素を提示したが、これらが4Pとして定着したのである。場所（place）は、マーケティング・チャネルを意味するものと解釈されているが、製品を取り扱う売り場、店舗タイプ、立地、販売方法などを含むものと考えるならば、企業と消費者との出会いと価値創造の場の重要性が強調されている現在では、マーケティング・チャネル（販売経路）よりも「場所」あるいは「場」の方が適切な訳語といえるかもしれない[1]。

　マーケティング・チャネルは、企業が統制可能なマーケティング・ミックスの構成要素の一つであり、「企業の製品やサービスを使用や消費を可能とするプロセスにかかわる、相互依存的な組織集団」と定義されている[2]。その組織集団には、通常、中間業者（卸・小売業者）が含まれている。ここにマーケティング・チャネルの本質を考える重要なヒントがある。それは、なぜ卸や小売業者が相互依存的な組織集団に参加するのか？そしてここで成立したマーケティング・チャネルは一般的な流通機構と何が異なるのか？ということである。Howardのマーケティング・ミックスではこの二つは明確に区分して捉えられているが、果してそれでよいのかということである。

　営利・非営利組織に共通して重要なマネジメント知識・技法であるマーケティングであるが、その内容は、成立時期、消費社会の発展過程、産業や業界特性、さらに生活文化、伝統や価値観、取引慣行やビジネス風土などにも規定されて多様な展開をみせてきた。グローバル化の流れの中で、世界共通あるいは世界標準モデルが強調される一方で、現地適合・現地独自のモデルの強さも無視できない。

　20世紀初めに新しいマネジメント知識・技法として生まれたマーケティングが、日本社会に受容され浸透していく過程において、独特の変容が生じている。それは、日本企業（消費財メーカー）が日本市場に適応する形で独自の解釈と実践を進めたためである。一部企業においては1920年代にまで遡るが、主として1960年代から1970年代に完成したこれら企業のマーケティングは"日本的マーケティング"と呼ばれている。

　この"日本的マーケティング"は、1990年代のグローバル化と日本市場開

放の要請のもとで、ときに日本市場の閉鎖性の象徴として、特殊日本的な仕組みとして否定的な論調で論じられてきた。また、それは高度成長の産物であり、時代変化への適応を妨げるもの、改革されるべきものとされてきた。"日本的"であることが強さの象徴であった1980年代、そして逆に弱さの象徴となった1990年代と時代が大きく転換していくなかで、"日本的マーケティング"の意味は変わってきたといえる。

　ただし、"日本的マーケティング"は、日本の消費社会の在り方に強く規定されたものである。新奇性への反応の高さ、品質志向、信頼の対象としてのブランド志向、顧客サービスの重視など日本の消費者の一般的な傾向が、品質や細部にこだわる日本企業に特徴的なきめ細かいマーケティングを生んだといえる。グローバル競争の荒波のなかで、機能や品質過剰（高コスト）が日本企業の製品政策の弱さ（非効率）と批判されてきたが、むしろ最近では、加工食品、化粧品、トイレタリー、医薬品などの分野で、日本製品が高品質と安全性の面から海外顧客に評価されている。特に単純な機械生産ではなく職人的技を求める"ものづくり"において、"日本的"という表現は再び肯定的な意味で捉えられるようになっている。

1-2. 日本的マーケティングの特徴—流通との関わり方

　"日本的マーケティング"を特徴づけるもう一つの要素は、マーケティングと流通の関わり方にある。

　現代マーケティングの本質は、大量生産体制を確立したメーカーの「市場問題」の解決にある。テーラーシステム（科学的管理法）やフォードシステムを背景とした大量生産体制は、安定的な大量販売体制を必要としている。ただし、需要と供給の一致は容易ではなく、景気変動や競争動向に影響されて常に在庫過剰が発生する可能性がある。販売を既存の卸・小売業者に依存している場合、需要と供給の不一致（特に場所と時間の懸隔）は、卸・小売業者間の取引と在庫保有（調整）によって対応されることになる。いわゆるコモディティ商品においては、これは市況の悪化として生産段階に影響を与えるが、それぞれが自社製品にブランドを付与し、広告を通して独自需要開拓を行っていく場

合には、これは深刻な問題を生じさせる。よく浸透したブランドであるほど転売が行われやすく、価格訴求の対象となりやすい。現金問屋などさまざまなルートを経由する過程で、品質劣化や不良品あるいは偽ブランド品の混入も起こりうる。それは、ブランドイメージの毀損となりマーケティングを困難にさせるのである。メーカーのマーケティングと流通との接点をどのようにするのかは、現代マーケティング成立当初からの重要な課題であった。

これに対する答えは、アメリカと日本では明らかに異なっていたように思われる。

現代マーケティングが登場した19世紀末から20世紀初めのアメリカにおいても、中小卸と中小小売業からなるいわゆる伝統的な流通機構が形成されていた。しかし、これらはあくまで限定的な存在であり、国土の広さと人口移動による新市場の急拡大に合わせた新しい流通機構が必要とされたのである。鉄道網や郵便ネットワークの整備がこれを促進した。総合的な品揃えの百貨店、カタログ販売を行うメールオーダーハウス、さらに多店舗展開を行うバラエティストアやスーパーマーケットなど、この時期のアメリカは、革新的な小売勢力が次々に登場するダイナミックな変化の時代であった。いずれも大量生産体制に対応する大量販売体制の担い手といえる。

このような革新的小売勢力の台頭は、従来の中小卸や中小小売業からなる伝統的構造を根底から破壊する力を有していた。それは、これらの新小売勢力が卸機能を統合するチェーンストアの仕組みを基盤としていたためである。これが、いわゆる"流通革命"であり、中間業者排除（卸排除）であった。ただし、注意すべきは、ここで排除されたのは仕入れ・販売業務と市場リスクを負担する商業者としての卸であり、品揃え、販促、物流、顧客支援などの卸機能は必要とされたということである。

アメリカにおけるマーケティング・チャネル政策を考える場合、現代マーケティングの登場と流通革命がほぼ同時に進行したことは重要である。つまり、市場問題に対処するためには、できるだけ実需要の発生点である売り場に近い位置を確保する必要がある。いつ、どこで、どのように販売するかを決定していくためには、売り場を直接展開（直営店やFC）するのが最善であるが、次

善の策として卸機能を吸収する、あるいは販売活動の一部を業者（代理店）に委託することが行われる。基本的に、いわゆる商業者としての卸の存在はチャネル政策の前提にはなく、一般的な外部環境としての流通と各メーカーに独自化された販路であるマーケティング・チャネルが対立的に設定されたといえる。

　これに対して日本の状況は大きく異なっていた。

　日本において、加工食品、化粧品、トイレタリー、医薬品などの分野でマーケティングの萌芽がみられたのは1920年代である。ただし、本格的な展開は1950年代後半からの高度成長期であった。ここで留意すべきことは、日本は卸商業が高度に発達した社会であったことである。日本における問屋制度の成立は17世紀後半とされている。委託販売と物流を主として担う荷受問屋から自己リスクで商品の仕入れ・販売を行う仕入問屋へと商業活動の中心が移行し、江戸、大阪、京都を集散地とする全国的な商業のネットワークが構築されたのである。産地卸、集散地卸、地方卸、仲買という卸売業者間の重層的な取引関係は、その形を変えながらも日本の流通の基層として今日まで続いている。そして、この卸商業ネットワークが、多数分散的な小売構造を支えてきたのである。

　消費財メーカーが、新製品開発とブランド広告を柱とする現代マーケティングに着手したとき、何よりも全国津々浦々に存在する小売店に自社製品を確実に届けるための確実な方法はこの卸商業ネットワークを活用することであった。もちろん、卸商業を活用することで中間段階は不透明になり、品質管理や在庫管理の問題を派生させる。それでも少数の例外的な事例を除き、各分野（業種）における既存の卸商業ネットワークを対象とした販路構築が進められた。つまり、日本におけるマーケティング・チャネルは、企業外部の流通との境を曖昧化させることで、あるいは流通と一部重なり合う形で構築されたのである。卸売業者の商業者としての性格を否定することなく、自社販路の代理業者（販売代理業的卸）に転換させることに成功したことが大きい。これが、流通系列化と呼ばれる独特の制度である。

　既存の卸商業ネットワークを活用した理由は、その基層構造としての強さと

ともに、チェーンストアの発達が遅れたことがあげられる。日本でいわゆる"流通革命"が開始されたのは1960年代初めであるが、既に有力消費財メーカーのマーケティング・チャネルは完成していた。有力消費財メーカーのイニシアチブのもとで卸再編が進められており、流通の制度基盤は整えられていたのである。総合スーパーを中心とした新興小売勢力は、この制度基盤の上に乗って成長した。チェーンストアとしての形は未完成なままであり、品揃え、在庫調整、物流の各機能を既存の卸売業者に依存したことから、問屋無用は現実のものとはならなかった。

　このような既存の流通（卸・小売業者）と共存する販売体制の構築が不可欠であったことが、日本的マーケティングを独特のものにしたといえる。

2. 流通系列化の有効性と限界

2-1. 流通系列化とは何か

　化粧品、トイレタリー、医薬品、家電品などの分野における日本の代表的消費財メーカーのマーケティング・チャネル政策は一般に流通系列化と呼ばれている。これは、企業のマネジメントではなく、競争政策（独占禁止法）の視点から捉えた表現である。

　有力ブランドメーカーが、取引先の流通業者（卸・小売業者）を選別し、強い取引関係を構築することでマーケティング活動を統合し競争力を発揮することが注目されたのは1970年代である。ただし、この流通系列化が、有名ブランド品の安売りや乱売の横行に悩むメーカーの流通対策の一環として始められたことで、再販売価格維持に繋がる不公正競争の手段としてやや否定的文脈で捉えられてきた。

　たとえば、ライオン株式会社（当時、ライオン歯磨き）は、1951年に取引先卸の組織強化を意図した全国ライオン会連合会（取引制度の整備を目的としたライオン会は1931年に結成）を成立させた。そして、そこでの連盟規約では、「いわゆる業界不安の根源たる乱売を厳に警しむるため、加盟会員はメーカーの定

めたる製販価格に準拠し、その指示価格たる卸売価格を堅く維持助成すること
に努力する。加盟会員は独り卸売価格の維持に止まらず、進んで全国販売店の
小売価格（メーカー指示価格）の擁護をも指導し以て製・配・販の共同の経営
健全化運動に協力」することを求めたのである[3]。字義通りに読むならば、再
販売価格維持の要請であり、公正競争を阻害する行為となるが、当時、市場も
流通も混乱を極めており、無秩序な乱売によりメーカーも流通業者も経営困難
に直面していたことは無視できない。このような状況を受けて、独占禁止法適
用除外である再販売価格維持制度（再販制）の導入が要請されたのである。

　再販制は、メーカーにとって一時的に価格秩序の回復を可能にさせたように
みえたが、むしろ重要なことは、流通業者との取引条件と販路の整備によって
自社製品の流れを透明化しておくことである。化粧品、トイレタリー、医薬品
の分野では再販制の導入とともに、取引先卸の再編成による販売経路の整備が
進んでいる。メーカーが、取引先卸を選別かつ編成し、自社に協力的な販売業
者へと転換させていくことを流通系列化と呼んだのである。言い換えるなら
ば、メーカーと流通業者（卸・小売業者）との自由な市場取引を前提としなが
ら、メーカー主導のマーケティング・チャネル組織の一員（チャネル・メン
バー）として行動するという状況が生まれたといえる。これは、市場原理と組
織原理とが融合したハイブリッド組織ということができる。1980年代以降、
自由な市場取引からいわゆる戦略同盟まで企業間関係を多元的に分析する流れ
が生まれることで、流通系列化はその一形態であるとして、特殊日本的という
捉え方はなくなってきたように思われる。

　この流通系列化は、競争政策の観点から次のように定義されている。

　すなわち「製造業者が自己の商品の販売について販売業者の協力を確保し、
その販売について自己の政策が実現できるように販売業者を掌握し組織化する
一連の行為」ということである。そして、再販売価格維持を始めとして、一店
一帳合制、テリトリー制、専売店制などがその代表的な行為とされている。原
則違法の再販売価格維持は別として、その他の行為は競争に与える影響（おそ
れ）の程度によって違法性が判断されてきた。

　ただし、流通系列化は分野によってその在り方は多様であり、製造業者と販

売業者との繋がりの程度、あるいはメーカーの視点からは統制の水準（統合度）で区分することができる。

最も統合度の高いのは、卸売業者を統合し販売会社（統合卸）とする方法である。代表的な事例は、化粧品（資生堂）、トイレタリー（花王）、家電品（松下電器）である。いずれも、乱売や安売りに対応するために製品の流れの透明化と中間在庫の掌握を目的として進められた。

次に統合度の高いのは、卸売業者を地域ごとに営業権を付与して代理店（系列卸）として組織化する方法である。トイレタリー（ライオン）、医薬品（武田薬品、旧三共）、ビール（キリン、アサヒ）などが代表的事例であった。これは、取引ネットワークの中継者という卸本来の機能を残しながら、営業地域を限定することでブランド内競争を抑制することが目的とされている。また、卸売業者の品揃えの自由度は維持されているが、競合ブランドの取り扱いは制約されている。半ば閉じられた流通経路となることで、メーカーと卸売業者との繋がりは強化されてきた。本来自立的な流通業者の囲い込みという流通系列化の矛盾を体現しているのはこのタイプであり、それゆえ1990年代の流通変化の影響を最も強く受けることになった。

ここで疑問となるのは、メーカーはなぜ直接販売ではなく流通系列化の様式を選択したのかということである。その理由は次のように整理できる。

第一に、小売業の多数分散的な構造を前提とするとき、卸の営業（販売促進）と物流機能がメーカーの流通コスト負担を軽減させる。

第二に、メーカーが提供できる品揃え（製品ミックス）と小売段階で必要とされる品揃えのずれ（品揃えの懸隔）が大きいとき、中間で調整する卸の機能が不可欠となる。

第三に、売買取引を基本とすることで、商品の所有権は移転しメーカーにとって市場リスク（在庫不良化）を軽減させることになる。つまり、需給調整に必要な中間在庫は卸の負担で保有されるということである。もちろん、この中間在庫が過剰にならないように情報共有が必要であり、また返品が許容される場合もある。この観点からすれば、流通系列化は市場リスクの分散的共有の仕組みということができる。

2-2. 流通系列化の崩れと価格破壊現象

　日本の消費財メーカーのマーケティング・チャネル政策は、1980年代半ばまでは比較的安定的に維持されていた。ただし、徐々にではあるが内部に矛盾は蓄積されていたように思われる。それは、自立的流通業者の抱え込みという流通系列化の独特の性格に起因するものである。

　マーケティング・チャネルの組織に参加していく流通業者（チャネル・メンバー）は、共通目的の実現のために組織ルールを受け入れかつ個別目的の追求を抑制することが求められる。そこには常に利害対立の可能性があり、それをうまく統制していく力が必要となる。この図式をうまく表現したのが、1980年代にL. W. SternとT. Reve（1980）らによって提唱されたパワー・コンフリクトモデルである。これは、マーケティング・チャネル組織のコントロールを可能にするため、行動諸科学の知見を利用して理論構築を試みたものであり、その中心概念は、役割、パワー、コンフリクト、コミュニケーションである。そして、チャネル組織内部に発生する対立（コンフリクト）を緩和し組織全体の共通目的達成を促進させるチャネル・キャプテンの能力として、五つのパワー資源（報酬パワー、制裁パワー、専門性パワー、一体化パワー、正統性パワー）が提示されている。いずれも日本の消費財メーカーのマーケティング・チャネルの維持に必要なものであった。特に、流通マージン配分、リベートやアローワンスなどの経済的利益の提供を内容とする報酬パワーは、建値制とリベートという日本固有の流通取引慣行の中で発揮されたのである。また、販売促進協力、売り場作りのノウハウ提供、在庫管理や受発注システムの整備、従業員教育や訓練、経営指導などのきめ細かい流通業者への支援（専門性パワー）は、日本の消費財メーカーの得意とするところであった。

　ただし、このパワー・コンフリクトモデルは、マーケティング・チャネル組織のマネジメントを目的としたものであり、日本の消費財メーカーの事例に当てはめたときに自ずとある限界が認識された。それは、第一に、流通系列化には組織原理とともに市場原理が組み込まれていることである。つまり、メーカーと流通業者（卸・小売業者）との間は売買取引（所有権の移転）が基本であ

る。つまり、そこには組織マネジメントの次元を越えた本質的な利害対立の芽が隠されている。第二に、このモデルでは対立の発生は組織内部に限定されており、チャネル・メンバーの在り方も同質的であると仮定されている。

　1990年代以降、メーカー主導の流通秩序が崩れ始めたときにこの限界が明らかになったのである。

　日本の流通の大変動は、1991年のバブル消費崩壊と流通規制緩和が直接的な契機となったといわれる。個人所得の伸び悩みと雇用情勢の不安定化は個人消費を抑制させ、価格志向や節約志向の雰囲気を醸成させた。また、大店法の緩和（2000年廃止）は、大型小売業の出店と売り場面積拡大競争を激化させたのである。1990年代は、全体として価格競争の傾向が強まったが、それは単なる価格競争ではなく“価格破壊”という現象を生じさせたことが重要である。

　“価格破壊”とは、ブランド品の安売り（特売）が定着することで消費者の値ごろ感（内的参照価格の水準）を破壊することである。当初は、安売り効果が発揮されて需要を刺激するが、それが長期化すると“安いのは当たり前”ということになる。たとえ売上数量は増えても金額は逆に減少することもある。メーカー、流通業者ともに収益は悪化するが、競争への対抗上さらに価格訴求を続けざるをえないという悪循環に陥るのである。安売り効果が発揮されるのは、その製品がブランドとして認知されているためであるが、安売りが定常化するとブランドとしての価値は薄れていく。コモディティ化と呼ばれる現象である。つまり、価格破壊は、ブランド価値破壊であり、メーカーのブランド力の低下を意味している。メーカーのブランド力の低下は、マーケティング・チャネルを維持する力の低下に繋がっていく。

　また、この価格破壊には小売構造の変化が影響している。1980年代以降、中小小売業の商店数は減り続けており、それに代わり、食品スーパー、コンビニエンスストア、ドラッグストアなどの小売業態が勢力を伸ばしてきた（これについては第1章で説明）。この小売構造の変化が意味することは、メーカーは、一律の売り場づくりや店舗運営を前提とするのではなく、業態特性や企業特性に適合するチャネル政策が必要ということである。それは、営業、販売促

進、物流活動とともに、建値制とリベートという流通取引体系の修正を必要とさせるものであった。当然のことながら、定着している取引体系を修正することは容易なことではない。小売業態分化と業態間競争、そして大型小売業（組織小売業含む）側からの価格交渉力の強まりがメーカー主導で維持されてきた流通秩序を揺るがす事態においてはなおさらである。

　流通系列化は、自立的流通業者（特に卸売業者）をメーカー主導のマーケティングの枠組みの中に抱え込むものである。その程度は、分野やメーカーによって異なるが、流通業者がその活動の制約（販売地域や取り扱い商品）を受け入れるのは、メーカーのマーケティング力（ブランド力）と安定した取引体系によって収益を期待できるためである。しかし、ブランド力低下（コモディティ化）や流通取引体系の動揺、そして大型小売業の仕入れ交渉力の増大は、流通業者にとってメーカーへ依存することの限界を感じさせることになった。

　1990年代から顕著になった卸売業者（加工食品、トイレタリー、医薬品）の再編成は、この流通系列化からの"自立化"を意味している。それは、品揃えのフルライン化、営業エリアの広域化、企業規模拡大を柱としているが、小売業の業態化に加え、小売業者からの一括配送や多頻度小口配送の要請に応えるために進められたものである。このように激変する流通環境のもとでは、販路の安定を約束していた流通系列化はむしろ"逆効果"を生じさせたといえる。

3. 流通取引改善とマーケティング改革

3-1. 流通取引改革の意味するもの

　通常、流通系列化の後退は、流通システムの開放系への転換として説明されている。そして、その背景には、グローバル化の流れと日本市場開放の要請があった。

　1989年の日米構造協議において、日本の流通制度に関わるものとして焦点となったのは、大規模小売店舗法、販売免許制とともに商慣行の改善である。そこでは、メーカーのマーケティング政策が取り上げられ、競争政策上の観点

から、公正取引委員会がガイドラインを作成することが行われた[4]。

この公正取引委員会のガイドライン「流通・取引慣行に関する独占禁止法上の指針」（1991年）は、1990年代以降の消費財メーカーのマーケティング・チャネル政策の行動規範となったといえる。いわゆる流通系列化のメリットとデメリットを比較考量したうえで競争政策上の考え方を示したものであるが、消費財メーカーのマーケティング力（ブランド力）の強さが暗黙の前提となっていた。

ここで第一に問題とされるのは再販売価格維持であり、原則違法とされている。1950年代から1960年代の消費財メーカーによるマーケティング・チャネル整備が主として安売りや乱売の抑制であったことから、この規定が大きな位置づけを占めたのは当然といえる。問題となったのは、明確な再販売価格維持行為ではなく、類似行為としての建値制・リベートをめぐる問題であった。

日本の商慣行として建値制が普及したのは、消費財メーカーのマーケティング・チャネルが整備された1960年代である[5]。

建値制は、メーカーが提示した希望小売価格を基準として、卸仕入れ価格（卸建値）、小売仕入れ価格（小売建値）が設定される取引体系である。建値制の意味は、希望小売価格を提示することで消費者の商品選択を容易にすること、取引価格体系が基準化されていることで価格交渉が簡便化されること、そして流通業者にとって獲得できる流通マージンの予測性が高く経営判断に利することである。加工食品やトイレタリーなど取扱品目数が多い分野においては適合する取引慣行といえる。

取引体系の適正化の意図もあった建値制（3段階価格制）が改善すべき取引慣行の代表とされたのは、一つには建値制の前提である希望小売価格が"定価"のように作用して、市場価格が硬直的になるおそれが指摘されたことがある。確かにブランド力が強く寡占的構造の分野において、小売価格が安定的に推移する傾向にあった。ただし、この建値制が有効に機能するには前提条件がある。それは、流通経路全体にパワーの偏在がないことである。また、卸・小売業者の流通コストが近似しており、共通の価格（マージン）体系で流通活動が遂行されることである。建値制が完成した1970年代の日本の流通は、小売

業者の大半が小規模かつ地域的存在であり、まだこのような条件を満たしていたといえる。

　しかし、大型小売業の成長と仕入交渉力の発揮は、建値制の維持を徐々に困難にさせた。大型小売業との取引において卸売業者が大きく利益を圧縮される事態が生じていた。このことが1990年代の卸再編成と規模拡大に結び付いたといえる。さらに、建値制の問題点は、基準化されたマージン率はあくまで慣習的なものであり、現実の流通コストと対応していないことである。1980年代、多品種多品目少量化の傾向が強まり、小売店頭での不良在庫や返品の増大が顕著になっていた。これに対応するべく、卸売業者に対して多頻度小口配送の要請が強まり、物流コスト負担が卸収益をさらに悪化させることになったのである。建値制においては、一般的なマージン率の中でこれら流通コストが吸収されることが想定されている。取引数量や取引単位、配送条件の違いによって異なる物流コストを積算して提示すべきという考え方は、建値制には馴染まないということである。

　また、あくまで参考として提示されていた希望小売価格が価格比較の手段に使われ、安売り効果を増幅させる事態が生じていた。

　さらに、激しい価格競争を引き起こしたものとしてリベートがある。リベートは、一定の協力の成果（基本リベート、決済リベート、目標達成リベート、販売促進リベートなど）に対する事後払いの報酬といえる。建値制の一律の価格体系を修正し調整する手段でもある。後払いゆえに価格引き下げに結びつきにくい。著しい累進性があるとか、帳合の固定化に繋がるものでない限り、競争政策上問題ないとされてきた。ただし、需要の低迷とシェア競争が展開されるなかで、大量販売を刺激することを目的としたリベート（量販リベート）などが増加し、小売業者にとってリベートが安売りの原資となる事態が広がっていた。

　従来の取引慣行が価格破壊などマーケティングに逆作用を生じさせているとの認識とともに、1991年の公正取引委員会の流通・取引慣行ガイドラインが、メーカーの流通系列化に対して総じて厳しい姿勢を示していることもあり、流通取引制度の改革は不可避となったのである。

　トイレタリー分野でまず先鞭をつけたのは、外資系メーカーのP&Gとユニリーバである。

　P&Gは、グローバル化が進展する中で取引体系の標準化を目指していた。その前提となったのは、ウォルマートに代表される巨大小売業の存在である。1980年代後半、P&Gなど消費財メーカーを悩ませていたのは、アメリカにおいて価格破壊の元凶となっていた取引慣行（フォーワードバイイング、ダイバーティング）である。特にフォーワードバイイングは、一時的に特売価格を提示することで大型小売業の集中大量購買を喚起させる目的で行われる。その時期が終われば元の価格水準に戻すことから、このような価格政策はHigh-Low Pricingと呼ばれている。ただし、大量集中購買を誘引する一方、流通段階の在庫は不透明となり、かつ小売店頭における実際の販売動向（実需）は不透明なままとなる。アメリカにおけるディスカウント小売勢力の台頭とメーカーのブランド力の低下、いわゆるパワーシフトへの危機感が、マーケティング改革の一環として取引改革の必要を認識させたといえる。

　P&Gの取引改革の考え方は、製配販連携として提案されたECR（効率的消費者対応、1993年）に凝縮されている。それは、①メーカー、卸、小売業者が、受発注情報、販売情報、在庫情報を共有することによる中間在庫の透明化（削減）、②EDIを活用した流通情報ネットワーク構築、③店頭の動きに連動した商品の補充システム、④物流コスト積算とコスト削減への取り組み、⑤共同の売り場づくりとカテゴリーマネジメントである。実需を起点とした商品供給の仕組みを目指すものであり、需要変動を抑制し予測性を高めるためにも特売は回避すべきと考えられた。High-Low Pricingに代わるものとして提唱されたのがEveryday Low Priceであった。

　P&Gは、最初このECRを日本市場に導入しようと試みたが、メーカーと大型小売業が対峙するアメリカ、これに対して大型小売業の取引にもメーカーと繋がる卸売業者が介在する日本の流通風土の違いは大きかった。ただし、小売業者の価格競争の原資となっているリベート体系の複雑さ、また販路タイプや取引条件別の流通コストを反映しない建値制の限界を前提として取引制度の改革が進められたのである。1988年、卸店向けと小売店向けの取引制度の明確

化、インセンティブ条件の明確化、1991年、最低発注数量の引き上げ、1995年、発注数量基準の割引（数量割引）、オープン価格制への移行、1997年、対小売店向け取引条件の一元化（事前に半年間の販促金総額の設定）、そして1999年、取引基準と出荷価格体系の透明化を意図する"新取引制度"の提案へと至ったのである。これは、建値制とリベートそして系列卸を特徴とする従来の流通制度から、取引条件の事前明示（オープン価格、割引、機能別リベート）とメーカーと大型小売業との直取引も可能とさせる新しい流通制度への転換を意味するものであり、取引制度改革と呼ぶべきものであった。

　P&Gの動きに触発されてライオンなど日本のメーカーも取引制度改革を進め、少なくともトイレタリー分野においては、建値制の廃止とリベート体系の簡素化が進んだのである。

3-2. 新市場分野と製品特性に適合する販売経路

　この取引制度改革は、多品種多品目小口化のもとで需給のミスマッチ（不良在庫、欠品）が発生しやすくなっているなかで、店頭販売の動きに受発注と配送活動を連動させ、全体の在庫量の削減を目指すという方向性で進められた。仮需起点から実需起点へ、あるいは店頭起点の供給システムへの転換を意味するものである。そして、価格破壊の源泉となっていた過剰在庫とイレギュラーな販路の発生は総じて抑制されてきたといえる。

　ただし、ECRの場合においても明らかであったように、これが共同による魅力的な商品開発や売り場づくりに必ずしも結びついたわけではない。それは、サプライチェーン・マネジメントの高度化は、あくまで既存市場における需給のミスマッチとそれに伴う在庫と物流問題の解決であり、時間と空間次元の市場拡大は可能であったとしても、いわゆる異次元の需要開拓を意図するものではないことである。1990年代～2000年代は、在庫と物流問題が大きな比重を占めていた。それは、市場の成熟化と製品の同質化（コモディティ化）のもとで供給過剰が顕在化していたためである。取引慣行の改善は供給体制の建て直しのために要請されたのである。2000年代の半ばになると、この市場状態は、単純な供給過剰ではなく需要不足あるいは需要開拓不足ではないかと考

えられるようになった。さらに消費者意識や消費構造変化に伴う新たな市場分野が広がっているにもかかわらず、消費財メーカーが十分にそれに対応できていないのではないかとの見方もある。

　この新市場分野には、たとえば高齢化や人々の健康・美容意識の高まりを背景とするセルフメディケーション市場がある。これは、医薬品、化粧品、トイレタリー、加工食品分野をコアとして、スポーツクラブ、医療、栄養指導や健康教育、温泉や森林浴などの各種サービス分野まで含めて広がる市場である。製品（モノ）とサービスが重層的に重なるこの市場の主軸は、自らの健康は自らの努力で守るという生活者の意識であり、そのための知恵と機会をどのように提供するか、その問題解決を支援する製品とサービスということになる。

　製品とサービスの融合という観点からは、製品に内在する知覚リスクの程度に注目した類型化が参考になる。これは、1980年代、製品（モノ）に比べてサービスのクオリティ管理の難しさに対応するために提案されたものである。ここでは、知覚リスクの程度に従って製品から純粋なサービスまでを一元的に捉える工夫がされている。

　消費者が既に十分な知識や経験を有しており外形的な手がかりだけで品質判断可能な製品は、探索財（Search Quality）である。これは、大半のマスプロダクトの消費財が該当している。ここにおいては、製品の特徴の明確化とブランド認知が決め手となる。いわゆるマスマーケティング（あるいはターゲットマーケティング）が有効である。これに対して、消費者の知識は不十分であり経験蓄積を通して品質評価が行われる製品は、経験財（Experience Quality）である。家電品、カメラ、化粧品などがこれに該当する。店頭での説明、試用、コンサルテーションに加えて、長期間の使用を前提とした品質保証やアフターサービスが不可欠となる。先述の流通系列化が機能したのはこの経験財の特性による。ただし、技術の標準化、消費者の慣れ、品質保証やアフターサービス体制の整備に伴い顧客ごとの個別対応の必要性が薄れたことで、流通系列化の必要性が失われたといえよう。

　第三の類型は、専門知識や技術が必要であり、たとえ手がかりを与えられたとしても消費者が主体的に品質を判断するのは困難な財である。ここでは、消

費者の知覚リスクを低減させるための顧客支援の仕組みと提供する企業への信頼が不可欠となる。信頼財（Credence Quality）と呼ばれている。医療サービスはこの典型である。ただし医療サービスにおいても医師の診断とともに適合する医薬品の処方が必要であり、医薬品（製品）の観点からすれば、その価値を実現するためのサービス活動との融合ということができる。

　セルフメディケーションを鍵概念とする新しい市場に対応するためには、この信頼財の考え方が参考になる。たとえば、セルフメディケーションの中核とされている大衆薬（一般用医薬品）を例にとって考えてみよう。肌荒れや初期のかぜなどの軽い症状の場合、あるいは医師の治療が終了した事後ケアの場合、大衆薬を活用して健康の回復や維持が行われる。今日、さまざまな薬やサプリメントの情報が溢れており、ネットの検索で容易に入手できる。しかし、この種の情報は玉石混交であり、偽情報が含まれている可能性もある。もともと大衆薬は、医師の処方が不要というだけで薬剤師の関与を要件とした制度設計がされていた。薬の選択と服用に専門家が関与して支援するものであり、2006年の薬事法改正までは、薬局・薬店あるいはドラッグストアにおいて薬剤師が常駐することが販売要件となっていた。

　この大衆薬の販売規制は、販売の実態に合わないことと、ネット通販の解禁を求める声に応える形で大幅に緩和されたが、そのことがこの財の特性を曖昧にしたように思われる。規制緩和は、大衆薬の多くは消費者の経験と知識によって十分に選択可能であり、特別に専門家の支援を必要としないという考え方による。ただし、これは従来の大衆薬市場では、国民皆保険制度のもとで大衆薬市場が限定され、効能が明確で比較的リスクの小さい薬が中心であったことを考慮する必要がある。ブランドが認知され使い慣れた薬が多い中では説明は不要とされたのである。

　しかし、生活習慣病の予防など個人の食生活や健康状態に合わせて、薬、サプリメント、食品の紹介、栄養や運動指導などの情報提供などを行う"かかりつけ薬局"の役割が認識されていくと、そこは単なる大衆薬の販売の場ではなく生活者の支援の場へと機能が変化していくことになる。そこで展開される大衆薬のマーケティングの枠組みも当然変わっていく。それは、マス広告や大量

陳列、リベートや協賛金などのインセンティブの提供といった従来のマーケティングではなく、販売担当者の専門性を前提に、薬に内在するリスクと価値を顧客との対話を通して説明し支援することを重視する価値伝達と価値共創のマーケティングへの転換である。ここで求められるのは、販売目的のプロモーション活動ではなく、リスクの伝達を含めた説明と理解のコミュニケーション活動である。

4. メーカー系通販の可能性 —「場」とコミュニケーションに注目して

　価格破壊と供給過剰のデフレ消費の悪循環から脱却していくためには、製品の付加価値を高めることが必要である。ただし、この高付加価値化は、単なる高価格化、高機能化、高品質化（いわゆるプレミアム化）を意味しているわけではない。先述の信頼財の考え方を参考にして考えたとき、高付加価値化は次の特徴を有するものといえる。

① その製品の顧客特性と使用場面（使用過程や使用状況）の明確化。

② 顧客の問題解決力が高めることを通した製品の価値実現。

③ 製品はあくまで未完成であり、顧客の使用とともに完成する。

④ 価値の伝達過程を担い顧客ニーズに合わせた調整と支援を行う仲介者の存在。

⑤ 独自の市場の切り口（コンセプト）により新カテゴリーを創出。

⑥ 信頼と共有のブランドとして構築されること。

⑦ 本来高リスクを内在させた製品であり、サービスのクオリティ管理と類似の枠組みが必要。

　このような特徴を有する高付加価値（高リスク）品のマーケティングにおいては、従来の4Pをベースとしたマーケティングの枠組みは適合しない。価値伝達と価値実現を目指したマーケティングでは、信頼のブランドと顧客接点としての場、そして重層的コミュニケーション（対顧客、対取引先だけでなく、組織内コミュニケーションも含む）が鍵となる。

　従来からのマーケティングと高付加価値品のマーケティングを対比すると、次のように整理することができる。これはサービス価値のマーケティングと言い換えてもよい。

〈従来製品〉　　　　　　　　　　　　　〈高付加価値製品〉
顧客対応＝認知度とブランド指名　　　　顧客対応＝理解、使用と経験蓄積、リピート
小売店頭＝マーケティングの終着点　　　小売店頭＝顧客との対話の場
　　　　　　販売の成果　　　　　　　　　　　　関係性の構築
活動の柱＝単品訴求、製品ブランド　　　活動の柱＝独自カテゴリーの創造
営業活動＝売り場と棚の獲得　　　　　　営業活動＝製品と売り場の最適化と調整
　　　　　　店頭プロモーション、　　　　　　　売り場支援と問題解決
情報提供＝マス広告中心　　　　　　　　情報提供＝広告、ネット、店頭、人（仲介者）

　このようなマーケティングの枠組みにおいては、マーケティング・チャネルに期待される役割も当然変わることになる。それは、狭い意味での販売の仕組みではなく、顧客との対話と情報提供を可能にする「場」とコミュニケーションの仕組みということである。

　以上にように見てくるならば、消費財メーカーの通信販売への取り組み（メーカー系通販）には、高付加価値化に適合する新しいマーケティング・チャネル開拓の意図があることが分かる。加工食品、トイレタリー、化粧品の有力消費財メーカーが、店舗チャネルとは別に通信販売チャネルの開拓を進めている。これらは、メーカー系通販と呼ばれており、百貨店、スーパー、専門店など小売業の通販事業、あるいは通販専業とは事業の性格が異なっている。

　店舗チャネルを中軸としていた有力消費財メーカーがなぜ通信販売に取り組むのであろうか。

　第一に、ネット通販の広がりと店舗小売業の後退という小売構造の変化がある。スマホの普及とネット使用の日常化によって、情報検索、商品比較、発注、決済の一連の作業が容易になり、通信販売に対する消費者の心理的抵抗感は薄れている。消費財メーカーとしては、新しいチャネルの可能性に注目するのは当然である。

　第二に、通信販売の独特の利点がある。通信販売は、単なる販売手法の次元を越えてマーケティング的手法としての意味を有している。それは、ターゲット選択、広告、説明、受注、納品、決済の一連の業務システムの構築である。そして、販売データ、顧客データ、問い合わせや苦情などの反応データを蓄積し分析していくことでマーケティングの精度を高めることができる。いわゆるダイレクト・マーケティングであり、顧客データをベースとしたマーケティングである。消費財メーカーにとって、市場や消費者の反応を直接確かめることができることは魅力的である。

　興味深いことであるが、百貨店、スーパー、専門店などの小売業者が、ネット通販と店舗販売を組み合わせる"オムニチャネル"に取り組むときには、消費者の在宅購買の利便性や時間利便性を主として強調している。それは、購買機会の拡張である。これに対して、メーカー系通販では、提供している製品に適合するターゲットの探索、顧客リストと顧客データの蓄積、製品企画・開発への反応情報のフィードバック、そして顧客との繋がりの強化（市場深耕）を中心的に意図しているようにみえる。

　第三に、既存の製品の新しい販売経路構築というより、通販チャネル適合製品の開発と導入が目的とされていることが重要である。もちろん、店舗小売業を主要販路としてきたことから、同一製品（ブランド）を扱う場合の通販チャネルと店舗チャネルとの対立と摩擦は無視できない。しかし、むしろ通販チャネルと店舗チャネルの特性の違いを生かして、通販適合製品（ブランド）の開発と市場開拓が可能になるならば、消費財メーカーにとって新しい成長の機会になる。

　一般的に、消費財メーカーにとって店舗チャネルと通販チャネルの違いは次のように整理することができる。

　卸と小売業者から構築される店舗チャネルは、需要の広範囲な分散性に対応することができる。卸を介在させることで、需給のミスマッチ（空間的、時間的、量と組み合せ）を防ぐことが可能である。さらに営業と物流活動においてメーカーの負担する流通コストは軽減される。また、売買取引を通して商品の所有権は移転し、メーカーは市場リスク（価格変動や売れ残り）から切り離さ

れる。その一方で、販売価格設定、品質管理、在庫管理、きめ細かい情報提供、反応情報の収集など、マーケティング活動の観点からはさまざまな課題がある（この課題を解決すべく行われたのが流通系列化である）。近年では、卸の再編成と大型小売業の寡占化の動きが進むなかで、消費財メーカーは大型小売業の仕入れ交渉力の発揮と売り場での価格競争に悩まされることになった。さらに、小売業主導の売り場づくりと PB の広がりのなかで、売り場が必ずしもメーカーの需要開拓と顧客接点の場ではなくなっている。店舗チャネルがマーケティング・チャネルとしての機能を低下させているのが現状である。

　これに対して通販チャネルは、前章で説明したように、本来店舗販売に馴染みにくい商品の販売に適合している。たとえば、需要層が限定される商品、需要時期が限られる商品、個別の顧客ニーズの深耕が必要な商品、そして説明性が求められる商品である。通信販売が、単なる販売の仕組みでなく、情報発信、直接的対話と説明、相談、事後対応を含めたコミュニケーションの仕組みとなることは既に述べた通りである。消費財メーカーが自社製品の高付加価値化と新カテゴリー創出を目指すときに有望な手段の一つになる。

　通信販売を店舗チャネルと並ぶ有力販路として育てていくのか、あるいは高付加価値製品の開発と導入のための試行的・探索的な場として活用していくのかは企業の立場によって異なる。しかし、メーカー系通販の成長は、製品の高付加価値化と独自市場開拓を目指す消費財メーカーのマーケティング改革の一環であることに注目すべきである。

（1）1950 年代～1960 年代に成立した企業的マーケティング論の中核概念の一つがマーケティング・ミックスである。
　　　McCarthy（1960）の提唱した 4P（マーケティング・ミックス）は、その概念のシンプルさから教えやすくマーケティングテキストを通して広く浸透していった。4P が、マーケティングの中核となったのは、アメリカにおいて、大量生産の消費財を中心として、マスメディア広告と激しい競争を展開する流通業者を活用したマスマーケティングが展開されておりこの概念がよく適合したことがあげられる。
　　　1980 年代、北ヨーロッパのノルディック学派から提唱された産業財とサービス分野の関係性マーケティングは、この 4P モデルに対する異議申し立てであり、パラダイムシフトというべきものであった。Grönroos（1994）を参照のこと。

（2）Coughlan, A. T., E. Anderson, L. W. Stern & A. EL-Ansary（2001）p.3.

（3）ライオン株式会社（1993）63〜65頁。

（4）（財）通商産業調査会編（1991）『日米構造協議最終報告』、64〜80頁。

　　　流通取引慣行ガイドラインは3部構成となっているが、マーケティング・流通分野に関連するのは第2部（流通分野における取引に関する独占禁止法上の指針）である。ここでは、再販売価格維持行為、非価格制限行為、リベートの供与、流通業者の経営に対する関与、小売業者の優越的地位乱用が扱われていた。ただし、メーカー主導の流通系列化の後退、大型小売業の交渉力の増大、ネット販売など新しいチャネルの登場などを受けて、2016年、このガイドラインの大幅な見直し作業が行われた。今回のガイドラインの見直しの一つの契機となったのは、経済産業省「消費インテリジェンスに関する懇談会報告書」（平成25年6月）である。

（5）市場におけるブランド品の安売りや乱売に悩んだ消費財メーカーが、その有効な対策として販売経路と価格体系の整備の必要を強く認識するようになったのは、1930年代である。ライオンは、1931年（昭和6年）に、取引先卸（特約店）の間で値段協定会（後のライオン会）を発足させるとともに、新しい取引制度を導入している。それは、商品に小売価格を表示し、全国で統一的に販売する。そして、小売店に2割の口銭を設定するというものである。それまでの完全な自由価格から小売希望価格を基準とした建値制に移行したのである。さらに、スーパーの成長が始まり、特売が常態化してきた1960年代、流通の明確化と適正利潤の確保を目指して、メーカー（生販）と卸価格を同一とする2段階価格（1965年）を提示している。ただし、同一の生販・卸価格と小売価格からなる2段階価格は、流通段階の自由な競争を阻害し価格の硬直化に繋がりやすいとする公正取引委員会の方針を受けて、生販・卸・小売の3段階建値制に移行したのは、1976年（昭和51年）のことである。ライオン株式会社社史編纂委員会編纂（1993）、前掲書、43〜44、63〜65、107〜108、162頁。

〈参考文献〉

嶋口充輝（1994）『顧客満足型マーケティングの構図―新しい企業成長の論理を求めて』有斐閣。

根本重之（2004）『新取引制度の構築―流通と営業の革新』白桃書房。

野田實編著（1980）『流通系列化と独占禁止法―独占禁止法研究会報告』大蔵省印刷局。

三村優美子（2004）「消費財流通変化とサプライチェーン・マネジメント」黒田充編著『サプライチェーン・マネジメント―企業間連携の理論と実際』朝倉書店。

―――（2007）「医療制度改革と医薬品流通の変化―一般用医薬品の販売制度変更を中心として」『青山経営論集』第41巻第4号。

―――（2011）「卸流通再編成と卸経営の課題」『青山経営論集』第46巻第3号。

―――（2017）「日本の流通変化と取引慣行問題―2017年の流通・取引慣行ガイドラインの

見直しを中心として」『青山経営論集』第 52 巻第 3 号。

ライオン株式会社社史編纂委員会編纂（1993）『ライオン 100 年史』。

渡辺達朗編（1997）『流通チャネル関係の動態分析』千倉書房。

Bartels, R. (1962) *The Development of Marketing Thought*, R. D. IRWIN.

Coughlan, A. T., E. Anderson, L. W. Stern & A. EL-Ansary (2001) *Marketing Channels* 6th ed., Prentice Hall.

Gaski, J. F. (1984) "The Theory of Power and Conflict in Channels Distribution," *Journal of Marketing*, 48 (Summer).

Grönroos, C. (1991) "The Marketing Strategy Continuum: Towards a Marketing Concept for the 1990s," *Management Decision*, 29 (1).

─────(1994) "From Marketing Mix to Relationship Marketing: Towards a Paradigm Shift in Marketing," *Management Decision*, Vol.32, No.2.

Howard, J. A. (1957) *Marketing Management: Analysis and Decision*, Irwin.

Lovelock, C. H. (1991) *Services Marketing 2ed.*, Prentice Hall.

McCarthy, E. J. (1960) *Basic Marketing: a Managerial Approach*, Irwin.

Stern, L. W. (1967) "The Concept of Channel Control," *Journal of Retailing*, 53 (Summer).

───── and T. Reve (1980) "Distribution Channels as Political Economies," *Journal of Marketing*, 44 (Summer).

Wilkinson, I. (2001) "A History of Network and Channels Thinking in Marketing in the 20th Century," *Australasian Journal of Marketing*, 9 (2).

─────── 第**3**章 ───────
ダイレクト・マーケティングと
顧客関係性マネジメント

　顧客との良好な関係の構築、維持および管理にはどのような施策が必要なのかということは、ほとんどの企業でマーケティング課題となっている。従来のマーケティング理論は、大量生産と大量消費を前提とするマス・マーケティングから発生した。しかし、市場の成熟化やグローバル化、商品のコモディティ化だけではなく、メディア環境のデジタル化、情報通信テクノロジーの発展などによって、昨今の消費者にはマス・マーケティングでは通用しなくなっている。それゆえ、企業には顧客をより深く理解し、顧客との関係性を強化する新たなマーケティング戦略が求められている。

　伝統的なマーケティングでは、「マス」の市場を前提として、すべてのマーケティング活動が展開されてきた。マス市場における平均的顧客を想定し、製品（Product）・価格（Price）・流通（Place）・プロモーション（Promotion）戦略という、いわば4P型マーケティングを行ってきた。マス・マーケティングの戦略は、主に新規顧客を獲得して市場シェアを拡大し、コストを削減することだった。

　ところが、1990年代以降の情報通信テクノロジーの急速な進歩や、競争の激化などの要因によって、マス・マーケティング戦略の課題が浮上し、顧客との関係性に注目するようになった。ダイレクト・マーケティングは、顧客との関係性をベースとして成長してきたマーケティングの領域であり、顧客関係性マネジメント（以下CRM：Customer Relationship Management）が想起されるほど、顧客データベースを基盤としたマーケティングである。

　1917年に設立されたアメリカのダイレクト・マーケティング協会（以下

DMA：Direct Marketing Association）は、創立100年を迎えた2017年に、その名称をデータ＆マーケティング協会（Data & Marketing Association）に変更した。創立100年となる記念すべき年に、協会を特徴付ける名称であった「ダイレクト」を「データ」に転換するという大胆な決断を行ったのは、ネット通販の普及やメディアのデジタル化に伴い、ダイレクト・マーケティングが当たり前になったのと同時に、「データ」の重要性がより高まったことを意味するだろう。

　情報のデジタル化がマーケティングを激変させている今日、個々の顧客との関係を基盤として成長してきたダイレクト・マーケティングの中核的な技法やマネジメントは、デジタル化時代の新たなマーケティング戦略の指針ともなっている[1]。本章では、ダイレクト・マーケティングのビジネスモデルの、最大の特徴とされているCRMについて考察する。第1節では、ダイレクト・マーケティングの枠組みについて考察する。第2節では、顧客関係性の本質について、第3節では、CRMと顧客価値の評価基準について検討する。第4節では、テクノロジー中心のCRMから人間中心のCRMの必要性を提示する。

1. ダイレクト・マーケティングの枠組み
―4P マーケティングと何が違うのか

　マス・マーケティングとダイレクト・マーケティングの違いは何か。一般的な4Pを基盤とするマス・マーケティングとダイレクト・マーケティングの特徴には、以下のような違いがある。

　STP（セグメンテーション、ターゲティング、ポジショニング）をベースとするマス・マーケティングは、新規市場を"魂"と捉え需要創造に焦点を合わせているのに対し、ダイレクト・マーケティングは対象市場を構成する"個々の顧客"ニーズにフォーカスしている。また、伝統的なマーケティングの成果は、売上と市場シェアに焦点を絞っているのに対し、ダイレクト・マーケティングは顧客関係性に焦点を合わせている。

　伝統的な4Pを軸としたマス・マーケティングは、標準化された製品および

サービスの提供を中心としているのに対し、ダイレクト・マーケティングは個々人に合わせてカスタマイズ化された製品とサービスの提供がマーケティングの中心になっている。

マス・マーケティングにおけるプロモーション戦略は、マス・メディアを活用した一方的な情報の伝達と説得が中心である。一方、ダイレクト・マーケティングはターゲットとしている顧客への到達と、その効果に絞ったメディアだけを活用し、顧客との双方向性のあるコミュニケーションが中心になっている。

さらに、ダイレクト・マーケティングでは、多数の顧客に製品やブランドを売ることではなく、一人の顧客に複数の製品やブランドを売る、いわば「アップ・セリング（upselling：上位の高価な商品を売ること）」、と「クロス・セリング（cross-selling：関連商品を売ること）」の戦略を採用している。

マス・マーケティングの効果測定は難しく、売上や認知度などの間接的なデータによって測定されるのに対し、ダイレクト・マーケティングではその費用対効果が瞬時に確認できるため、クリエイティブ戦略でも、いわばヒット広告を生み出すビッグ・アイディアを目指すのではなく、顧客の反応や販売データとテストに基づいている。さらに、顧客の個別反応と注文・コストなど、いわば顧客生涯価値（以下LTV：Life Time Value）として測定しているので、マスの顧客を対象としているのではなく、商品案内や推奨がカスタマイズされている。

企業組織も、伝統的なマーケティングでは製品やサービスを中心とした組織構造になっているのに対し、ダイレクト・マーケティングは顧客を中心に事業横断的な組織構造を目指している。

また、ダイレクト・マーケティングは、売上ではなく利益志向であること、市場シェアではなく顧客シェアを追求していること、新規顧客よりも、既存顧客との関係性を重視することによって、顧客関係の差別化戦略であること、などの特徴がある。

ダイレクト・マーケティングについて整理してみると、①顧客や購買などのデータを基盤としている、②顧客との双方向性のコミュニケーションを行う、

③顧客の反応はすべて測定可能である、④顧客や潜在顧客データを活用した個別のターゲティングが可能である、⑤LTV を中心とした顧客管理が可能である、⑥顧客の行動データを用いた STP を行うことができる、⑦迅速に PDCA（Plan, Do, Check, Action）サイクルを回すことができる、⑧顧客データに基づき、迅速かつ綿密な実験ができる、⑨顧客便益を優先したダイレクト・レスポンス広告を展開できる、⑩費用対効果の明確化により、アカウンタビリティ（accountability：説明責任）が高いなどさまざまな特徴が挙げられる。ダイレクト・マーケティングと 4P 型のマス・マーケティングの主要な違いを整理してみると、以下の図表 3-1 になる。

　新規顧客を獲得することよりも既存顧客を維持するマーケティング戦略のほうが効果的であるという主張がある（Reichheld & Sasser, 1990）にもかかわらず、これまでは新規顧客獲得のためのマーケティング戦略が一般的であった。その主な要因は、これまでのマス・マーケティングでは、新規顧客の獲得や既

図表 3-1　マス・マーケティング vs. ダイレクト・マーケティング

マス・マーケティング	ダイレクト・マーケティング
標準化された製品およびサービスが中心	カスタマイズ化された製品およびサービスが中心
一方的な情報の伝達と説得	双方向性のあるコミュニケーション
売上や認知などの間接的な効果測定	注文や問合せ件数などの直接的な効果測定
ビッグ・アイディアによるクリエイティブ	テストやデータ分析によるクリエイティブ
製品およびサービスを中核とした組織構造	顧客を中核とした事業横断的な組織構造
新規顧客開拓	既存顧客との関係性
多数の顧客に製品やブランドを売る	一人の顧客に複数の製品やブランドを売る：「アップ・セリング」と「クロス・セリング」
売上シェア志向	利益志向
市場シェア志向	顧客シェア志向
製品による差別化戦略	顧客関係による差別化戦略
マス広告によるイメージ戦略	個々の顧客とのコミュニケーション戦略

存顧客の維持などの費用対効果を正確に算出する方法と結果の信憑性などが問われていたことである。

　一方、マス・マーケティングのメリットとしては、マス・メディアの強さでもある幅広い潜在顧客へのコミュニケーション力である。既存顧客だけではなく、一般の消費者に対し、マス・メディアを通して好ましいブランド・イメージ、ユニークなブランド・パーソナリティやブランド・アイデンティティなどを構築することができるため、新規顧客の獲得には依然として有効であるという指摘もある。実際に国内でダイレクト・マーケティングを行っている企業では、新規顧客獲得にはテレビや新聞広告などのマス・マーケティングの手法を用いていることが多い。

　DMA では、ダイレクト・マーケティングを「一つまたはそれ以上の広告メディアを用いて、あらゆる場所で測定可能な反応や取引を達成することのできるマーケティング・システムである」と定義してきた。

　この定義から、ダイレクト・マーケティングをマス・マーケティングと対比してみると、①すべてのマーケティング活動の成果が測定可能であり、常に費用対効果を明確化できること、②立地・距離など店舗の制約がないこと、③顧客と双方向のマーケティング・システムを構築でき、顧客にパーソナライズされた製品やサービスを提供できること、④顧客に直接購買行動を促すこと、という四つの特徴が確認される。

　上記のダイレクト・マーケティングの特徴は、マス・マーケットにおける競争の激化と消費市場の成熟化によって、ダイレクト・マーケティング市場の著しい成長を導き出してきた。一方、これらの特徴は、デジタル化が進む今日の環境において、持続的かつさらなる成長のためには注意すべきリスク要因ともなっている。

　例えば、ダイレクト・マーケティングの最大のメリットである、常に費用対効果を明確化することは、会計年度などに合わせて短期的に費用対効果のよい戦術だけを採用してしまい、顧客エンゲージメント[2]、LTV の最大化、長期的なブランド構築などにはつながらなくなる恐れがある。次に、無店舗販売は人件費・店舗管理費用などを大幅に削減できるメリットがある一方、顧客との

ヒューマン・コミュニケーション[3]の機会がなくなってしまう。例えば、ネット通販では顧客とのコミュニケーションをデジタル化することによって、コストの大幅削減ができるが、顧客は常に低価格を求めてしまい、価格競争のスパイラルに陥る恐れがあるだろう。さらに、顧客とのコミュニケーション手段がすべて機械化・デジタル化されると、顧客情報として数値化が可能なシステム上の定量的データだけが蓄積されてしまう。顧客の発信する数値化できない定性的な情報は当該企業に伝わらなくなるか、蓄積できなくなる。それゆえ、システムに頼る「テクノロジー中心のCRM」になり、CRMの失敗につながる恐れもある[4]。

2. 顧客関係性（customer relationship）の本質

　大量生産・大量消費時代に誕生したマーケティングは、企業側の視点から出発した。1990年代以降の市場の成熟、グローバル化による競争の激化、商品のコモディティ化、メディアのデジタル化や情報通信テクノロジーの発展などの市場環境や競争環境の変化に伴い、顧客関係の重要性が注目されつつある。それゆえ、経済的な有用性から出発した従来型のマーケティング戦略は、交換（exchange）から関係（relationship）へと主なコンセプトのシフトがなされた。

　マーケティングの進化プロセスのなかで、顧客の本質を考察してみよう。図表3-2でみるように、これまで受動的な視聴者のような存在だった「顧客（customer）」は、2000年代からは積極的な「顧客」となった。そして、企業のコミュニケーションは、顧客の期待感を具体化すると同時に、顧客が話題（buzz）を生成することを刺激するためにも、彼らとの多様なコミュニケーションが求められている。したがって、顧客は企業のコンピタンス（competence）の源泉であることを認識する必要があるという（Prahalad & Ramaswamy, 2001）。

　Peppers & Rogers（2017）は、一般的に、ビジネスにおける関係性（relationship）の特徴としては、相互関係や相互作用、反復があること、両者に継続的な利益をもたらすこと、両者に行動変化があること、信頼関係が築かれている

図表 3-2 顧客関係性の進化と変革

	受動的な視聴者としての顧客			積極的なプレーヤーとしての顧客
	あらかじめ決められた買手集団の説得	個別買手との取引	個別顧客との生涯連帯	価値の共同創造者としての顧客
時間枠	1970 年代、1980 年代初頭	1980 年代後半から1990 年代初頭	1990 年代	2000 年を超えて
ビジネス交換の本質と顧客の役割	顧客は受動的な買手と見なされる。			顧客は強化されたネットワークの一部であり、ビジネス価値を共同で創造し、抽出する。顧客は協力者、共同開発者および競合者である。
経営者の考え方	顧客は平均統計値である。それゆえ、買手のグループは企業によってあらかじめ決められている。	顧客は取引での個別統計値である。	顧客は人間だ。それゆえ、信頼と関係性を育てる。	顧客は個人だけでなく、新しい社会的、文化的構造の一部である。
顧客と相互作用する企業、製品とサービスの開発	伝統的なマーケティング・リサーチおよび探求、製品やサービスは特別なフィードバックなしに行われる。	セリングから、ヘルプデスク、コールセンター、カスタマー・サービス・プログラムを通じた顧客支援への移行。顧客からの問題を特定し、そのフィードバックに基づいて製品とサービスを再設計する。	ユーザーを観察して顧客に提供する。初期購入者からの解決策を特定し、顧客の深い理解に基づいて製品やサービスを再設計する。	顧客は個人的な経験の共同開発者である。企業と初期購入者は、教育、期待の具体化、製品とサービスの市場受容を共同創造する。
コミュニケーションの目的と流れ	あらかじめ決められた買手集団にアクセスしてターゲットを絞る。一方的コミュニケーション	データベース・マーケティング：双方向コミュニケーション	関係性マーケティング：双方向コミュニケーションとアクセス	顧客との積極的な対話により、期待を具体化し、話題をつくる。顧客にマルチレベルの接近とコミュニケーション。

（出典）Prahalad & Ramaswamy（2001）p.4 を基に筆者作成

　ことなどを挙げている。このような関係性を顧客関係性として構築するフレームワークに、「顧客環境を理解すること」、「顧客の期待を満たすこと」、「顧客との情緒的関係を構築すること」、「顧客の経験を開発すること」、「顧客エンゲージメントを創り出すこと」を提示した。

　顧客ベース価値を高めるためには、顧客を獲得（get）・維持（keep）・育成

（grow）する必要がある。最初の顧客獲得の段階では、収益性の高い顧客を獲得する。それから、顧客維持の段階では、①収益性の高い顧客を長く維持する、②収益性の高い顧客を取り戻す、③不採算の顧客を排除することが必要である。最後の育成の段階では、①アップ・セリング、②クロス・セリング、③紹介やクチコミの便益、④サービスや運営コストの削減がある（Peppers & Rogers, 2017）。これらの内容をまとめたのが以下の図表3-3である。

Peppers & Rogers（2017）によると、顧客維持（customer retention）は関係性（relationship）とは異なる側面がある。顧客維持は根本的に行動的な概念であることに加え、行動的ロイヤルティでもある。関係性は情緒的ロイヤルティ（emotional loyalty）も含むと指摘している。顧客との関係性を重視する関係性マーケティングの目標は、当該企業の収益に持続的に貢献する顧客を維持・管理することである。そのためには、顧客を獲得し満足させ、その関係性を維持・強化する必要があるだろう。顧客側からすると、このような関係性を構築すれば、信頼できる企業との関係は取引コストを削減でき、商品探索やスイッチング・コストの削減などを軽減できる信頼便益（confidence benefits）が形成できる。さらに、持続的に企業との関係を維持することによって、親密な感情

図表3-3　顧客ベース価値を高める

| ・収益性の高い顧客を獲得する | **獲得** |

| ・収益性の高い顧客を長く維持する
・収益性の高い顧客を取り戻す
・不採算の顧客を排除する | **維持** |

| ・アップ・セリング（upselling: 上位の高価な商品を売ること）
・クロス・セリング（cross-selling: 関連商品を売ること）
・紹介やクチコミの便益
・サービスや運営コストの削減 | **育成** |

（出典）Peppers & Rogers（2017）を基に筆者作成

を感じる社会的便益（social benefits）や、長期的な関係によってほかの顧客とは異なる特別なサービスを受けることができる特別待遇便益（special treatments benefits）などを享受することができる（Zeithaml, et al., 2007）。

アメリカ企業の財務諸表のデータベース[5]を分析した結果、長期的には関係志向的（relationship-oriented）なサービス企業のほうが、取引志向的（transaction-oriented）なサービス企業より、投資収益率（ROI）が高いことが明らかになった（Kumar, 1999）。

顧客との長期的な関係からの便益は、購買額が増え、マーケティング関連のコストは削減できる効果がある。Reichheld & Sasser（1990）の研究によると、顧客の維持による収益がどれくらい大きいのかが明確に確認できるという。このような顧客維持の効果は、顧客の継続購買によって購買が増えることと同時に、利益も増加するだけではなく、その運営や管理コスト、広告やプロモーションに対する費用も削減できる（図表3-4参照）。

顧客維持の効果を顧客離脱の防止の側面からみると、顧客離脱を5％減少させると、支店預金（85％）、クレジットカード（75％）、業務用流通（45％）、業務用洗濯（45％）、自動車サービス（30％）、クレジット保険（25％）などのように、85％から25％まで収益を高めることができる（Reichheld & Sasser, 1990）。既存顧客の再購買は、マーケティングのコスト費用を削減できる。新規顧客は既存顧客に比べて90％もコストがかかるという統計もある（Dhar &

図表3-4　時間の経過に伴う顧客収益　　（単位：ドル）

産業	1年目	2年目	3年目	4年目	5年目
クレジットカード	30	42	44	49	55
業務用洗濯	144	166	192	222	256
業務用流通	45	99	123	144	168
自動車サービス	25	35	70	88	88

（出典）Reichheld & Sasser（1990）pp.106-107 を基に筆者作成

Glazer, 2003)。

　さらに、顧客との関係性を維持することによって、顧客はクチコミやソーシャル・メディア上でも企業やブランドに対して、高い評価をすることになる。さらに、ブラック・コンシューマー[6]から当該企業を守ってもくれる。このように、ソーシャル・メディアの影響力の増大により、顧客との関係性を維持することで経済的な便益がさらに増している。さらに、製品やサービスの改善点や新たなアイディアが顧客から提供されることで、顧客と企業間で共創（co-creation）することができる（Prahalad & Ramaswamy, 2001）。このように社外の顧客からの人的資源管理便益（human resources management benefits）なども、企業側にとってはその重要性が増している（Zeithaml, et al., 2007）。

　「カスタマー・エクイティ」とは、その企業のすべての顧客のLTVの合計である。顧客の価値は現時点での利益だけではなく、長期にわたって顧客が企業に与えるであろう純貢献高を含んだものだということであり、これらを総計したすべての全体的価値が顧客の企業にとってのカスタマー・エクイティである（Rust, et al., 2000）。

　Rust, et al.（2000）は、カスタマー・エクイティのけん引役として、「バリュー・エクイティ（品質・価格・利便性)」、「ブランド・エクイティ」、「リテンション・エクイティ」の三つを挙げている。このなかでも、「リテンション・エクイティ」に注目する必要がある。「リテンション・エクイティ」は、「顧客がその商品（ブランド）の客観的および主観的な評価を超えて、そのブランドに固執する傾向」と定義される（Rust, et al., 2000）。「リテンション・エクイティ」を高めるためには、ロイヤルティ・プログラム、特別な認知と待遇プログラム、親近感プログラム、コミュニティ形成プログラム、知識蓄積プログラムなどが考えられる。

　ブランド・エクイティとカスタマー・エクイティの特徴を比較したのが図表3-5である。

図表3-5　ブランド・エクイティとカスタマー・エクイティ

マーケティング活動	ブランド・エクイティ	カスタマー・エクイティ
製品とサービス・クオリティ	強い顧客選好の創出	高い顧客維持率の創出
広告	ブランド・イメージとポジショニングの創出	顧客からの親近感の創出
プロモーション	ブランド・エクイティの枯渇	再購買の創出と生涯価値の増大
製品開発	側面攻撃ブランドや関連製品をつくるためのブランド・ネームの使用	既存顧客に販売することを目的とした製品獲得
セグメンテーション	顧客特性と製品ベネフィットによるセグメンテーション	顧客データベースによる行動面からのセグメンテーション
流通チャネル	多段階流通システム	顧客への直接流通
顧客サービス	ブランド・イメージの強化	顧客からの親近感の創出

（出典）Blattberg, et al.（2001）邦訳 7 頁を基に筆者作成

3. CRM と顧客価値の評価基準

3-1. CRM の登場と歴史

　顧客との持続的な関係性の重要性が高まるにつれて、登場したのが CRM である。CRM は、Customer Relationship Management の頭文字をとった略語が定着した言葉であり、翻訳すると顧客関係性マネジメントである。

　これまでの関係性マーケティングと CRM についての議論を簡単に紹介する。関係性マーケティングと CRM の関係性について考察すると、関係性マーケティングのほうがより戦略的であり、CRM は戦術的であると見なされてきた。関係性マーケティングのほうは抽象的な概念であり、CRM のほうがより実践的であり、関係性マーケティングを具体化したものといえる。さらに、関係性マーケティングは顧客だけではなく、ステークホルダーとの関係性にまで

に拡大しているのに対して、CRM は重要な顧客との関係性に限定していることがその特徴である。

　CRM と関係性マーケティングの関係を整理すると、CRM は、One to One マーケティングと関係性マーケティングのアプリケーションとしてみることができ、顧客が何をいい、その顧客についてほかに何がわかっているかに基づいて個々の顧客に対応することである（Peppers, Rogers & Dorf, 1999）。要するに CRM は、関係性マーケティングの戦略的なツールとして認識され、情報テクノロジーを駆使する関係性マーケティング戦略の手段としてみなされる（Ryals & Payne, 2001）。

　Payne & Frow（2005）は CRM の戦略の概念フレームワークを構築し、戦略発展プロセス（ビジネス戦略、顧客戦略）、価値創造プロセス（顧客と組織の価値創造）、マルチチャネルの統合プロセス（営業、店舗、電話、ダイレクト・マーケティング、EC〈電子商取引〉、モバイルコマース）、情報マネジメント・プロセス（IT システム、分析ツール、フロントオフィス・アプリケーション、バックオフィス・アプリケーション）、業績評価プロセスという五つのプロセスに分類した。

　Frow & Payne（2009）は、関係性マーケティング、CRM、顧客マネジメントの違いについて、次のように定義している。①「関係性マーケティング」は、すべてのステークホルダーとの戦略的マネジメントである、②CRM とは、適切なテクノロジーを用いて、顧客との関係を戦略的にマネジメントすることである。③「顧客マネジメント」とは、顧客との相互作用の実行と戦術的マネジメントである。彼らの分類からすると、関係性マーケティングのほうが対象とする関係の範囲が広く、CRM は顧客だけに限定されている。

　実務を中心として成長してきた CRM の考え方とその歴史を考察すると下記のようである。ガートナー社によると、CRM を「顧客セグメントを中心に顧客満足度が向上する行動を推進し、顧客中心型のプロセスを実装することで形成される収益性、売り上げ、顧客満足度を最適化する成果をもたらすビジネス戦略」と定義している[7]。

　CRM の歴史をみると、通信販売との関連性が強い。通信販売業では、顧客

の注文履歴から作成した名前、住所、電話番号などの顧客名簿が存在し、いち早くその重要性を認識していた。この顧客名簿や顧客管理をシステム的に体系化したことにより登場したのが CRM である。特に、1980 年代からのコンピューターやデータベース関連のテクノロジーの進歩によって、顧客名簿はコンピューターによってシステム化され、企業内の顧客情報を科学的な方法で分析・構築・管理できるようになった。

　1990 年代には POS システムや営業支援システム（以下 SFA：Sales Force Automation）が普及し、既存の顧客名簿に顧客サービスや販売のデータなども取り入れるようになった。一方、企業内のシステムとしては、1990 年代からは ERP（Enterprise Resource Planning）という、製造から流通までの企業内業務を自動化するソフトウェアが導入された。CRM は SFA や ERP とは異なり、顧客を維持・管理し、分析するために活用されることが多かった。それゆえ、データベースを管理するソフトウェアにすぎなかったが、1990 年代以降は顧客との関係性が強調されるようになり、マーケティングやマネジメントの領域まで拡大するようになった。

　そして、インターネットを基盤とする e-CRM が誕生した。テクノロジーの進化により、企業は顧客の購買データを追跡することができ、実店舗の販売経路では直接入手できなかった購買データを入手して活用するようになり、顧客の属性などの基本データから行動データまで幅広いデータを把握できるようになった。

　データベース・テクノロジー発展のおかげで、企業は個々の顧客を追跡し、区別することができる。ウェブサイトのほか、コールセンターや SFA など、双方向性のテクノロジーがあれば、顧客から企業への接続を自動化し、製品・サービスの仕様も含めたフィードバックを個々の顧客から受け取れるようになる。このようなマス・カスタマイゼーションのテクノロジーの中核になっていたのが CRM である。

　2000 年代以降は顧客情報を統合的に管理するために、CRM が一気に普及するようになる。一方、CRM に対する認識不足、社内の活用知識不足、販売と管理部門間のコンフリクトなどの要因によって、導入の投資費用に比べて顧客

管理にあまり貢献していないというCRMの失敗論が浮上するようになり、CRMに対する懐疑的な見方が広がった時期もあった。一方で学術界では、2005年10月に『ジャーナル・オブ・マーケティング（Journal of Marketing)』でCRMの特集号が組まれるほど、CRMはシステムではなくマーケティング戦略の一部として考えられるようになった。

　2000年代後半には、ソーシャル・メディアの登場と急速な普及によって、ソーシャルCRMなどの新たな動きが登場した。それだけではなく、ソーシャル・メディアの登場や人工知能（以下AI：Artificial Intelligence）技術の発展により、CRMの基盤となる顧客データの分析や活用の範囲はさらに広がりを見せている。その結果、大手だけではなく中小企業まで幅広く、顧客マネジメントの一環としてCRMは認識されるようになった。

　上記のように、1990年代以降の情報テクノロジーの飛躍的な進歩に伴い、企業のITインフラは、コンピューターなどの物理的な基盤だけではなく、ソフトウェアや企業内外とのネットワークに至るまで、広く発展してきた。デジタル革命ともいえるこのような情報通信テクノロジーの飛躍的な進歩は、CRMにも大きな影響を及ぼした。その結果、現在のデジタル・マーケティングの領域では、CRMをマーケティング・ミックスの中核要素として位置付けている（Kaufman & Horton, 2014）。

3-2. 顧客価値の評価基準（メトリクス）

　CRMにおける重要な概念は「顧客価値」である。CRM戦略には、データベース、テクノロジー、評価基準（metrics）、分析方法が必要とされる（Kumar & Petersen, 2012）。CRMを戦略的に活用するためには、顧客価値を明確にする必要がある。顧客価値をどのように分析するかは、企業の限られたマーケティング関連の資源をどのように配分するかに関わるので、企業にとっては非常に重要な課題である。

　顧客価値を測定する方法としては、顧客生涯価値（LTV）、カスタマー・エクイティ（customer equity）、顧客シェア（share of customer）、RFM（recency：直近の購買時期、frequency：購買頻度、monetary value：累計購買金額）、市場

シェア（market share）、売上高増（sales growth）、獲得率（acquisition rate）、獲得コスト（acquisition rate）、顧客購買力（size of wallet）、維持率（retention rate）、離脱率（defection rate）、生存率（survival rate）などが挙げられる。

　本節では、その中でいくつかの主要な「評価基準」を考察してみよう。

　LTVとは、顧客が生涯にわたって企業にもたらしてくれる利益（収入―費用）の合計を、現在の価値として換算したものである。LTVは、顧客の生涯収益と費用によって計算されることが多く、顧客との長期的な関係性の重要性を示す指標でもある。

　LTVは顧客個人を測定する方法であるが、カスタマー・エクイティとは、その企業のすべての顧客の生涯価値の合計である。LTVとカスタマー・エクイティは、顧客を一律で見なした絶対値であるために、顧客別の相対的価値は考慮されていない。顧客別の相対的な価値を判断できる指標は顧客占有（share of customer）率である。顧客占有率はある顧客が消費する製品やサービスのなかで、特定企業の製品やサービスの比率である。顧客購買力（size of wallet）は、特定の商品カテゴリー全体における、顧客が支出できる総支出額を意味する。顧客購買力との関係で、図表3-6のようなマーケティング戦略を実行できる（Kim & Kim, 2009）。

　上記の顧客価値を測定する指標とは異なって、顧客との関係の行動的数値を

図表3-6　顧客購買力×顧客占有率のマトリクス

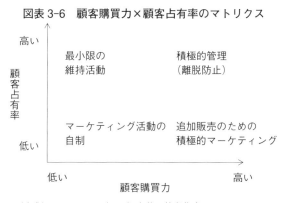

（出典）Kim & Kim（2009）を基に筆者作成

測定する指標がRFMである。現在ではRFMによる分析が一般化されている。RFM分析によって、ある顧客が直近ではどのくらいの頻度で、いくら購買したかを示すことができる。実際、多くの企業ではRFM分析を顧客のランク分けの基準として活用し、ランク別にカスタマイズされた顧客サービスを提供している。

　一方、RFMの課題として、①顧客の獲得・サービス・維持に必要なコストが無視されている、②顧客の過去の不安定な購買行動が将来の購買パターンにどのように影響するのかわからない、③マーケットやマクロ経済の力が顧客一人ひとりの購買パターンにどれくらい選択的に影響を及ぼすのかについて考察されていない、などが挙げられる（Dhar & Glazer, 2003）。

4. テクノロジー中心のCRMから人間中心のCRMへ

4-1. テクノロジー中心のCRM

　2001年から2009年までに発表されたCRMプロジェクトの失敗率は驚くほど高かった[8]。これまでの多くのCRMが失敗してきた要因を、IT がそのプロセスを乗っ取ったからであると説明している[9]。意思決定プロセスの中で、テクノロジーを中心とした意思決定が強調された結果、顧客とのよりよい関係性を構築する機会を失ったと指摘している。マーケティング担当者は、CRMシステムの設計の段階から関与する必要があると提言している。

　このようなテクノロジー中心のCRMの失敗の原因を探るためには、テクノロジーの本質を理解する必要があるだろう。Mick & Fournier（1998）によるとテクノロジーは、①コントロールとカオス（テクノロジーは秩序や規制は容易であるが、大破壊や無秩序をもたらす）、②自由と奴隷化（テクノロジーは独立や自立を促すが、従属と過度の依存をもたらすことがある）、③新しいものと時代遅れのもの（新しいテクノロジーは便益を提供するが、これらは急速に陳腐化されてしまう）、④能力と無能（テクノロジーをマスターすることは自己効力感を高めるが、この必要とするスキルが得られないと、愚かさを感じさせる）、⑤効率と非効

率（テクノロジーは時間と努力を節約できるが、わがままをもたらす）、⑥ニーズの充足と創造（テクノロジーはニーズを満たすだけではなく、新たなニーズを作り出す）、⑦同化と隔離（テクノロジーは人々を結集させることができるが、隔離することもできる）、⑧エンゲージメントとディス・エンゲージメント（テクノロジーはエンゲージメントを構築することもできるが、受動性と断絶にもつながる）、という八つの「テクノロジーのパラドックス」があるという。

　これらの「テクノロジーのパラドックス」の観点から、テクノロジー中心のCRMに課題を考察すると以下のとおりである。第一に、顧客情報の収集や管理の慎重さを必要とすることである。CRMは単に顧客を募り、そのデータから収益を得るデータベースではない。例えば、町の小さいお店でもポイントカードであったり、会員サービス制がみられるように、あらゆる業種で顧客情報を収集することが一般化されている。どの企業でも顧客の個人情報を集めるという風潮がすでにあるので、顧客側からすると、氏名、住所、電話番号、生年月日などを記入することには抵抗感がある。これらの情報をデータベース化してマネジメントするためには、顧客を尊重することが前提にならないといけない。これらの情報が顧客の許諾なく企業側の都合か内部の不正で勝手に他社に転売されることが、社会問題化したりする。その結果、顧客情報管理の不備によって、顧客に多大なダメージを与えるだけではなく、顧客からの信頼をなくすと企業側にも大きく影響する恐れがある[10]。したがって、顧客関係性をより発展させるためには、顧客との信頼関係があることが前提となり、その信頼関係には、企業側の顧客と顧客情報を尊重する意識が必要である。つまり、顧客情報は企業のものではなく、顧客のものである。これらの情報を勝手に使用すると、顧客と企業との信頼関係は崩れてしまう恐れがある。

　第二に、CRMの情報によって、一見顧客の動向をすべて把握しているようにみえるが、CRMのデータは既存顧客との取引データが中心であり、購買動機や購買に影響を及ぼした先行要因などに関する情報はデータ化されていない。さらに、CRMは定量的な顧客データだけが蓄積されていることが多く、定性的な顧客データの情報は蓄積されにくい傾向がある。したがって、CRMは既存顧客の過去のデータであるというデータの特性を存分に理解したうえ、

市場や競争動向から、消費者嗜好の変化などの既存のCRMのデータベースでは蓄積されていなかったデータまでを、総合的に検討する必要がある。さらに、顧客の生きた声を反映するためには、定量的データだけではなく、定性的情報を蓄積・共有、または活用する方法も検討すべきである。

　第三に、CRMをテクノロジーだけに限定して活用すると、CRMに関連するテクノロジーに関する機能性だけに目を向けてしまい、顧客関係の本質がみえなくなる恐れがあるだろう。CRMをマーケティング戦略の観点から再検討し、本質的な顧客と企業間の関係が発展できるようにしなければならない。企業内の組織からも、システム関連部署を軸としたCRMのシステム構築ではなく、顧客の目線を中心としたマーケティング関連部署からのCRMの構築・運営が求められている。また、CRMへの莫大な投資予算を考えると、いくら最新のものとはいっても、購入と同時に古くなるテクノロジー的な性質などから、CRMによる「顧客に関する費用対効果」の前に、マーケティング戦略の観点からCRM導入による顧客関係性の向上効果を綿密に分析することが求められるだろう。

　これまでみてきたように、CRMのテクノロジーは、より顧客エンゲージメントを高める手段であるが、テクノロジーよりはヒューマン・コミュニケーションを好む顧客も常に存在する。CRMに関連するテクノロジーの急速な発展は、「理性的な顧客関係性」について人間を凌駕するほど多面的かつ総合的な判断を可能にしたが、「情緒的な顧客関係性」を前進させたとはいえない。一方で、テクノロジーを駆使しない「情緒的な顧客関係性」だけでは限界があるだろう。したがって、費用対効果などで代表される「理性的な顧客関係性」と、「情緒的な顧客関係性」を融合した顧客関係性が必要である。

　CRMの本質はデータではなく、顧客との関係性にその中心があることを忘れてはならない。デジタル化によって、すべてのメディアがデジタル化されても、その中心に存在するのはわれわれ人間である。さらに、顧客との関係性を発展させるためには、当該顧客と日々接する従業員の重要性も看過してはならない。満足した従業員は顧客を創出し、満足した顧客は再び従業員の職務満足を強化する（Zeithaml, et al., 2007）。デジタル化時代のCRMの中心は、機械や

システムではなく人間であり、そのコミュニケーションは企業・顧客・従業員間のヒューマン・コミュニケーションによって形成されると考えられる（第4章参照）。顧客との関係性を高めるためには、顧客だけではなく、従業員に対する投資も重要であろう。採用からトレーニングなどに至るまで、組織内でも顧客との関係性を尊重し、発展できる企業体制や文化がないと、真の顧客関係を構築することはできない[11]。

4-2. これからのCRM

本章では、ダイレクト・マーケティングにとって重要なCRMの発生から今日に至るまでを考察し、その課題について検討した。その結果をまとめたうえで、今後の発展可能性と課題を考察したものが以下である。

CRMは顧客に関する知識を獲得し、その知識を用いて顧客満足度を高めるシステムであることが確認され、CRMの導入は顧客の維持率を高めると同時に顧客離脱率を防げる。さらに、CRMは、システム的に顧客満足度とロイヤルティを高めることによって、クロス・セリングやアップ・セリングを可能にし、顧客エンゲージメントを高めることができる。

インターネットやソーシャル・メディアの日常化は、CRMの領域にも大きな影響を及ぼしている。さらに、データの保存・管理のテクノロジーの進展も、これまでは入手できなかった顧客データを分析できるようになったため、顧客の取引情報だけではなく、潜在顧客と既存顧客のソーシャル上のクチコミなども統合的に分析・管理できるようになった。メディアのデジタル化もCRMの重要性をさらに強め、単なる顧客管理システムにすぎなかったCRMの活用が、顧客とコミュニケーションに欠かせない存在になっている。

一方、CRMの導入は必ずしも顧客関係性を保証するものではなく、企業と顧客の関係の本質を高める努力が必要であると考えられる。多くのテクノロジー中心のCRMの失敗から確認できるように、既存のCRMは顧客との関係性よりも顧客データを基盤としていたために、データの分析や運営、という財務的価値が高く評価されてきた。しかしながら、CRMの本質は顧客との関係性にあることから、顧客との関係性を発展させるためには、コミュニケーショ

ン戦略と表裏一体の関係となるべきだと考えられる。

　したがって、CRMを用いて顧客とのコミュニケーションをマネジメントし、顧客との関係性を総合的にマネジメントできる戦略的手段として発展させることができるかどうかは課題であろう。さらに、企業側の都合による短期的な収益ベースの顧客関係ではなく、長期的な顧客目線からの関係性は何かを、真剣に検討すべきであるだろう。

　CRMは主に過去の購買データを軸として、そのシステムが設計・運営されているために、顧客側の目線よりも企業側の一方的な関係性の概念から成長してきたが、競争環境が激化するのにつれ、企業側の目線からの顧客管理はもはや機能しなくなりつつある。企業の収益源を目当てにした顧客関係性と、顧客目線からの顧客の興味・関心の対象としての関係性は異なるからである。企業の収益だけを追求していたメールや電話は、顧客に不快感を与える場合もある。したがって、顧客側の目線からのCRMとは何かを再検討すべきである。Fournier, et al.（2001）も、関係性マーケティングの課題として、消費者の目を通してものごとをみる必要性を提示している。よい関係性には互いのバランスが重要であるが、現状では企業側から一方的に顧客に友情、ロイヤリティ、尊敬などを求めるばかりであると、企業目線からのCRMであることを指摘している。これまでのCRMでは、顧客を「人」ではなく自社の獲物として扱ってきたことも否定できないだろう。顧客から求められる関係の本質とは何かを検討したうえで、顧客とのバランスのよい関係性を維持できるCRMを構築しないと、顧客は背を向けていくことになる。さらに、顧客と直接関係性を構築する従業員の重要性も欠かせないだろう。例えば、従業員と顧客の関係性の発展をサポートできるCRMのように、数値による顧客関係管理のアプローチから、顧客との関係性を情緒的に発展させることのできる具体的な戦略を検討すべきであろう。

（1）デジタル・マーケティングとの関係性については、第4章で議論することにする。
（2）顧客エンゲージメントとは、企業自体や商品、ブランドなどに対する消費者の深い関係性のことで、「愛着」、「結びつき」、「絆」を意味する。それは、「満足」や「誠実」

からさらに踏み込んだ感情であり、消費者の積極的な関与や行動を伴う（Kotler, 2017）。

（3）ヒューマン・コミュニケーションとは、一般的に顧客との対人コミュニケーションを意味するが、筆者は、「ヒューマン・コミュニケーション」を直接的な対面だけではなく、電話やデジタル・メディアによる顧客との情緒的コミュニケーション（emotional communication）もヒューマン・コミュニケーションとしてみなす。

（4）後述することになるが、「テクノロジー中心のCRM」はCRM失敗の主因ともなっている。

（5）compustatとcompact disclosureデータベース。

（6）企業側に無理な要求をしたり、暴言などを吐く消費者。

（7）ガートナー（2016）「日本におけるCRMのハイプ・サイクル：2016年」（https://www.gartner.co.jp/press/html/pr20161219-01.html：最終アクセス2017年12月1日）

（8）2001年度から2009年までのCRMの失敗率をみると、Gartner Group（2001年：50%）、Butler Group（2002年：70%）、Selling Power, CSO Forum（2002年：69%）、AMR Research（2005年：18%）、AMR Research（2006年：31%）、AMR Research（2007年：29%）、Economist Intelligence Unit（2007年：56%）、Forrester Research（2009年：47%）である。Krigsman, M.（2009）、"CRM failure rates：2001–2009"（http://www.zdnet.com/article/crm-failure-rates-2001-2009/：最終アクセス2017年12月1日）

（9）Mahoney, M.（2002）"Putting the R back in CRM: It's Time to Reinstall the 'R' in Your Customer Relationship Management Programs," *Harvard Business School Working Knowledge.*（http://hbswk.hbs.edu/archive/3000.html：最終アクセス2017年12月1日）

（10）2014年に発生したベネッセホールディングスの顧客情報漏えい事件が、顧客情報に関する社会問題として大きく取り上げられ、同社の経営悪化の要因ともなってしまった時期があった。

（11）特に、テレマーケティングを行うダイレクト・マーケティング企業にとって、コールセンターを外注化することは、コスト削減のメリットはあるものの、顧客との直接的な人的コミュニケーションによって生まれる情報を社内で共有し、活用できなくなる恐れが存在するので、慎重な検討が必要だと考える。

〈参考文献〉

中澤功（2005）『体系ダイレクトマーケティング：基本理論と実践技術』ダイヤモンド社。

Blattberg, R. C., G. Getz & Jacquelyn S. Thomas（2001）*Customer Equity: Building and Managing Relationship as Valuable Assets*, Havard Business School Publishing.（小川孔

輔・小野譲司監訳『顧客資産のマネジメント：カスタマー・エクイティの構築』ダイヤモンド社，2002）

Dhar, R. & R. Glazer（2003）"Hedging Customers," *Harvard Business Review*, 81（May）（池田葉子訳「顧客ポートフォリオの最適化ツール RALTV：顧客リスクをヘッジする法」『ダイヤモンド・ハーバード・ビジネス・レビュー』7月号、90〜99頁，2003）

Fournier, S., S. Dobscha & D. G. Mick（2001）"Preventing the Premature Death of Relationship Marketing," *Harvard Business Review on Customer Relationship Management*, Harvard Business School Press.

Frow, P. & A. Payne（2009）"Customer Relationship Management: A Strategic Perspective," *Journal of Business Market Management*, 3, pp.7-27.

Kaufman, I. & C. Horton（2014）*Digital Marketing: Integrating Strategy and Tactics with Values*, Routledge.

Kim, H. & Y. Kim（2009）*Customer Relationship Management*, SciTech.

Kotler, P.（2017）『コトラーマーケティングの未来と日本：時代に先回りする戦略をどう創るか』KADOKAWA。

Kumar, P.（1999）"The Impact of Long-Term Client Relationships on the Performance of Business Service Firms," *Journal of Service Research*, 2（1），pp.4-18.

Kumar, V. & J. A. Petersen（2012）*Statistical Methods in Customer Relationship Management*, Wiley.

Mick, D. G. & S. Fournier（1998）"Paradoxes of Technology: Consumer Cognizance, Emotions, and Coping," *Journal of Consumer Research*, 25, pp.123-143.

Payne, A. & P. Frow（2005）"A Strategic Framework for Customer Relationship Management," *Journal of Marketing*, 69（Oct），pp.167-176.

Peppers, D. & M. Rogers（1993）*The One to One Future*, Doubleday.（井関利明監訳・（株）ベルシステム24訳『ONE to ONE マーケティング：顧客リレーションシップ戦略』ダイヤモンド社，1995）

───── M. Rogers & B. Dorf（1999）"Is Your Company Ready for One-To-One Marketing?" *Harvard Business Review*, 77, pp.151-160.

───── & M. Rogers（2017）*Managing Customer Experience and Relationship*, Wiley.

Prahalad, C. K. & V. Ramaswamy（2001）"Co-opting Customer Competence," *Harvard Business Review on Customer Relationship Management*, Harvard Business School Press.

Reichheld, F. F. & W. E. Sasser（1990）"Zero Defections: Quality Comes to Services," *Harvard Business Review*, Sep-Oct, pp.105-111.

Ryals, L. & A. Payne（2001）"Customer relationship management in financial services: towards information-enabled relationship marketing," *Journal of Strategic Marketing*, 9, pp.3-27.

Rust, R. T., V. A. Zeithaml & K. N. Lemon（2000）*Driving Customer Equity: How Customer Lifetime is Reshaping Corporate Strategy*, The Free Press.（近藤隆雄訳『カスタマー・エクイティ：ブランド、顧客価値、リテンションを統合する』ダイヤモンド社，2001）

Zeithaml, V. A., M. J. Bitner & D. D. Gremler（2007）*Service Marketing: Integrating Customer Focus Across the Firm 4th*, McGraw-Hill.

第4章
ダイレクト・マーケティングと
マーケティング・コミュニケーション

　通信販売は、顧客データベースだけではなく、おのおのの顧客を相手にするコミュニケーションによって発展してきた。近年メディアの多様化によって企業側からの情報量は急速に増えてきているが、企業と顧客とのコミュニケーションの質がそれに伴っているとはいえないだろう。ネット通販の日常化によって、ダイレクト・マーケティングが普通のマーケティング手法として位置付けられるようになった。もはや通信販売業界では、目新しい商品の開発、価格プロモーション、直接販売などの既存の通信販売戦略では、限界が浮上している。

　CRM関連の技術とコミュニケーション手段のデジタル化は、企業と顧客間の双方向コミュニケーションの実現に大きく寄与したといえる。一方、コミュニケーションのデジタル化は、デジタル化できる領域の限界によって「感情」を含めた、コミュニケーションの本質的な側面を軽視してしまう恐れがある。

　本章では、マーケティング・コミュニケーションの観点から、ダイレクト・マーケティングについて考察していきたい。第1節では、マーケティング・コミュニケーションとダイレクト・マーケティングについて論じる。第2節では、ダイレクト・マーケティングの特徴とコミュニケーション戦略の必要性について概観する。第3節では、コミュニケーション環境の変化とダイレクト・マーケティング・コミュニケーションについて検討する。第4節では、顧客接点とヒューマン・コミュニケーションの重要性を論じ、これからのダイレクト・マーケティング・コミュニケーション戦略を提示したい。

1. マーケティング・コミュニケーションとしての ダイレクト・マーケティング

　情報通信テクノロジーの進化によって、マーケティングやメディア環境も急速に変化している。特に、スマートフォンの急速な普及や、ソーシャル・メディアの日常化などによって、新たなマーケティング環境が生まれている。テレビ・新聞・雑誌・ラジオなどの既存メディアにおいても、デジタル化の進展は凄まじいといえる。インターネットに接続したテレビが当たり前になり、新聞や雑誌もタブレットで読むことが一般化している[1]。現在は、従来型のマーケティング・コミュニケーションからデジタル・マーケティング・コミュニケーションへの過渡期、または転換期ということもできるだろう。

　本節では、今日のマーケティング・コミュニケーションの現状を、その本質から考察することによって、これからのダイレクト・マーケティング・コミュニケーションの課題とその方向性を検討する[2]。

1-1. コミュニケーションの本質

　コミュニケーション理論の古典であるShannon & Weaver（1967）の定義によると、コミュニケーションとは、人の意思が他者に影響を及ぼす手順のすべてを含むものとされている。マス・コミュニケーション理論の根底には、アリストテレスの「修辞学」がある。アリストテレスは、「修辞学」の研究を「説得を可能ならしめるすべての手段」の探求であると定義した（Berlo, 1960）。

　情報源（information sources）、送信機（transmitter）、チャネル（channel）、受信機（receiver）、目的（destination）、雑音源（noise source）によって構成されるShannon & Weaver（1967）のコミュニケーション・モデルは、広告を中心としたマーケティング・コミュニケーションの基礎的なモデルとして認識されてきた。

　このように、Shannon & Weaver（1967）に代表される古典的なアメリカのコミュニケーション理論では、コミュニケーションとは人の精神が他者に影響

を及ぼすことであり、説得的で、情報を共有することをベースとしている。その要素として、メッセージの発信源である送り手（人・組織・企業・ブランドなど）、メッセージ（物語・画像・広告など）、メディア（テレビ・新聞・インターネットなど）、受け手（人や消費者など）がある（Mooij, 2014）と定義されている。これが、マーケティング・コミュニケーションを支える理論的背景となってきた（朴, 2017）。

1-2. マーケティング・コミュニケーションと マーケティング・ミックス

マーケティング・コミュニケーションという言葉の起源を遡ってみるために、まずマーケティング戦略の基本的なフレームワークとされている、マーケティング・ミックスについて考察する。

マーケティング・ミックスという用語は、すでに1940年代後半にはハーバード・ビジネス・スクールの教授だったBordenによって使用され、①製品計画（product planning）、②プライシング＝価格設定（pricing）、③ブランディング（branding）、④流通経路（channels of distribution）、⑤人的販売（personal selling）、⑥広告（advertising）、⑦プロモーション（promotions）、⑧パッケージング（packaging）、⑨ディスプレイ（display）、⑩サービス（servicing）、⑪物的ハンドリング（physical handling）、⑫事実の発見と分析（fact finding & analysis）という12のマーケティング・ミックスの要素が挙られている。それが4P（Product, Price, Place, Promotion）の原型となったといえる（Borden, 1965）。

Borden（1965）のマーケティング・ミックスは、ブランディング、人的販売、広告、プロモーション、パッケージング、ディスプレイなど、およそ半分がコミュニケーションに関係するものになっている。そのため、4Pを軸としたマス・マーケティングの時代以前は、コミュニケーションがマーケティングの中心的な存在だったことが考えられる。さらに、製品計画からフルフィルメント（fulfillment）[3]に至るまでのプロセスを包括しているダイレクト・マーケティングのビジネス・モデルからすると、Bordenのマーケティング・ミックスのほうが、マッカーシーの4Pより説明力がある。

　その後、4P というシンプルなマーケティング・ミックスの枠組みを提唱したのがマッカーシーである。1990 年代以降、グローバル化やインターネットの出現などによって、4P のフレームワークは企業側の論理から出発したという指摘がなされ、顧客の視点から改良した、消費者のニーズとウォンツ（Consumer needs & wants）、コスト（Cost）、利便性（Convenience）、コミュニケーション（Communication）という 4C の考え方が、登場した（Schultz, et al., 1993）。

　マーケティング・コミュニケーションという用語が本格的に使われるようになったのは、この時期からである。4P を 4C へと顧客視点に改良したにもかかわらず、現在のマーケティングの実務では、製品（Product）・価格（Price）・流通（Place）は 3P のまま使用されている。しかし、「コミュニケーション」だけが取り出されて、マーケティング・コミュニケーションとして多用されるようになった。その背景には、インターネットの普及などのメディア環境の変化や、ソーシャル・メディアの登場やメディアのデジタル化などにより、企業側からの一方的なプロモーションの効果が薄れていることがあり、「コミュニケーション」の重要性が再認識されていることの表れであろう。

　マーケティング・コミュニケーションは、マーケティング活動を効果的に成し遂げるためのコミュニケーション活動である。この定義によると、マーケティング・コミュニケーションとは企業が自社の販売する製品やブランドについて、消費者に（直接ないし間接的に）情報を発信し、説得し、想起させようとする手段である。ある意味、マーケティング・コミュニケーションはブランドの「声」を表すものであり、消費者と対話して関係性を構築する手段といえる（Kotler & Keller, 2006）。顧客との関係性を構築する最大の目的は、顧客との 1 回の取引で最大の利益を回収することではなく、継続的な取引の中で持続的な収益を確保することである。そのためには、顧客の満足度を高めることは欠かせない。

　一方、これまでの企業のマーケティング・コミュニケーションは、マス広告やプロモーションなどに大きく依存してきた結果、消費者にとって企業側の一方的なプロモーションというイメージを払拭できてはいない。加えて、実務の

側でも企業の一方的な情報発信やプロモーション的な意味合いが濃く、コミュニケーションの本質的な行為というよりは、プロモーション的要素が強かった。その結果、企業側視点の4Pが消費者視点の4Cになっても、マーケティング・コミュニケーションの構成要素は、マス広告・販売促進・人的販売・PRなどほぼそのまま使われていることからも確認できるように、従来の企業側の視点から論じられていたと指摘せざるを得ない。

　従来のマーケティング・コミュニケーションでは、その機能は、①消費者ないし見込み客への商品情報の伝達（＝情報訴求）、②商品への好意の形成（＝イメージないしシンボル訴求）、③購買意思決定への直接的刺激付け（＝直接刺激訴求）という三つであった。その後、マーケティング・コミュニケーションは拡張（亀井, 2009）され、双方向性のあるデジタル・メディアによって、Eコマース（電子商取引）やCRMのように、流通やデータ分析などまでその領域を拡大している（朴, 2017）。

2. ダイレクト・マーケティングと ダイレクト・マーケティング・コミュニケーション

2-1. 広義・狭義のダイレクト・マーケティング

　ダイレクト・マーケティングという言葉はWundermanによって1961年から用いられている（Wunderman, 1997）が、ダイレクト・マーケティングを考察する際に、企業の営業業態としてのダイレクト・マーケティングと、マーケティング・コミュニケーション構成要素としてのダイレクト・マーケティングとに分類して考察する必要があるだろう。

　企業の営業業態としてのダイレクト・マーケティングは、ダイレクト・マーケティングの手段であるカタログ、テレマーケティング、テレビショッピング、ネット通販の営業業態を軸に、広告・販売促進・人的販売・PRなどのマーケティング・コミュニケーション・ミックスを活用することになる。

　一方、マーケティング・コミュニケーションの構成要素としてのダイレク

ト・マーケティングは、企業のコミュニケーション・プラットフォームとしての機能性による分類になる。したがって、広告・販売促進・人的販売・PRと並んで、消費者とのコンタクト・ポイントを直接つなぐカタログ・電話・テレビ・ラジオ・ネットなどを活用する、顧客への直接販売を目的としたコミュニケーション・ツールである。

　したがって、企業の営業業態としてのダイレクト・マーケティングを広義のダイレクト・マーケティングとし、マーケティング・コミュニケーションの構成要素としてのダイレクト・マーケティングは狭義のダイレクト・マーケティングに区別する必要がある（図表4-1）。

　ダイレクト・マーケティングは、データベース・マーケティングやデジタル・マーケティングとの類似性が高く、混同されやすい。顧客のデータベースに基づき、顧客情報を分析してマーケティング戦略を生み出すのがデータベース・マーケティングであり、顧客のデータベースをもとに分析するなどダイレクト・マーケティングとの共通点が多い。さらに、データベース・マーケティングは顧客情報を保持・分析するため、マーケティング戦略の策定を支援することができる。

　一方、ダイレクト・マーケティングは、データベースを使用してダイレクト・レスポンスを引き付けるために、顧客に対する直接のコミュニケーション

図表4-1　広義/狭義のダイレクト・マーケティング

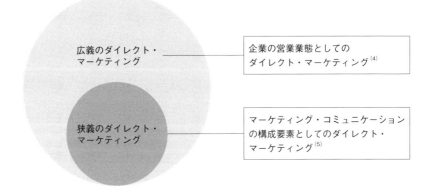

と流通のチャネル機能に重点をおいている。これはデータベース・マーケティングと大きく重複する。ダイレクト・マーケティングは、顧客のデータベースを用いることだけではなく、顧客と直接コミュニケーションすることによって、顧客エンゲージメントを構築する。

　デジタル・マーケティングとは、データベース・マーケティングやダイレクト・マーケティングとは異なり、一般的に製品を製造することから販売が終了する段階までを、デジタル・チャネルに基盤をおくマーケティングである。顧客のデータベースのデジタル化だけではなく、流通経路とコミュニケーション手段のデジタル化によって、従来型のマーケティングの障害要因だった空間と時間の限界を乗り越えることができる。さらに、常に顧客と繋がっていることは、デジタル・マーケティングの出現前までは実際的には実現できなかった。デジタル・マーケティングは、顧客との双方向性のコミュニケーションによって、新たな価値を生み出すマーケティングとしても評価されている。

2-2. ダイレクト・マーケティング・コミュニケーションとは何か

　実務においても、通信販売とダイレクト・マーケティングという用語が混在していることが多い。マーケティング・コミュニケーションの分野では、通信販売の情報伝達の側面に注目し、ダイレクト・マーケティングを、広告、販売促進、PR、人的販売とともに、マーケティング・コミュニケーションの構成要素の一つとして捉えてきた。ダイレクト・マーケティングは通信販売（mail order）から始まっていることから、本来流通の方法であるとも指摘できる（Tapp, et al., 2014）。わが国でも、通信販売に関しては販売取引活動の側面からのアプローチが一般的であり、その顧客関係維持やコミュニケーションの手法に注目するとき、ダイレクト・マーケティングという用法が使われてきたといえる。

　さらに、近年のインターネットを経由した通信販売の成長やメディアのデジタル化によって、ダイレクト・マーケティングを新たにマーケティング・コミュニケーション・ミックスに加えた文献も現れるほど、マーケティング・コ

ミュニケーションにおける存在感を高めている。ここでは、ダイレクト・マーケティングのコミュニケーションの側面に注目することで、ダイレクト・マーケティング・コミュニケーションという用法を使用している。

　コミュニケーションは、人間対人間によるか否かによって、メディア・コミュニケーション（media communication）とヒューマン・コミュニケーション（human communication）とに分類される。マーケティング・コミュニケーションの構成要素の中でも、広告・販売促進・イベント・PR を「マス・コミュニケーション（mass communication）」として、ダイレクト・マーケティング、口コミ、人的販売を「人的コミュニケーション（personal communication）」として分類している（Kotler & Keller, 2015）。ダイレクト・マーケティングを人的コミュニケーションと同一のカテゴリーとして捉えているのは、使用するメディアではなく、一人ひとりの顧客との関係性に重きがあるマーケティング・コミュニケーションであることを意味するだろう。

　広告の長期的な目的がブランド・パーソナリティやイメージ構築であることに対し、ダイレクト・マーケティングは直接顧客の購買行動を刺激し、その場で購入につなげることから、プロモーション的要素が強いという指摘もある。

　しかしながら、一回の購入で終わることではなく、顧客関係性、すなわち顧客エンゲージメントを構築することによって、長期的な関係性を目指す。それゆえ、ブランド・イメージを損なう恐れがある価格訴求には注意が必要である。

　顧客との相互作用の観点から考察すると、ダイレクト・マーケティングは広告やプロモーションよりは相互作用性が高いものの、人的販売には至らない。顧客カスタマイゼーション（パーソナル化）と顧客との相互作用性の関係を図表4-2 に示した。

　ダイレクト・マーケティングは、人的販売の弱点ともいわれてきた規模の拡大の困難さや費用対効果の問題などを解決するために、顧客データ管理のテクノロジーやデジタル・コミュニケーション手段を活用してきた。いわば人的販売にマス・カスタマイゼーションの手法を実現することによって、飛躍的に成長してきた。

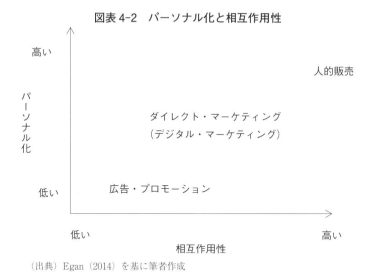

図表4-2　パーソナル化と相互作用性

（出典）Egan（2014）を基に筆者作成

　近年、ダイレクト・マーケティングがデジタル・マーケティングとほぼ同義で使用される（Egan, 2014）ようになったのも、顧客名簿とその活用を基盤として成長してきたダイレクト・マーケティングにおいて、デジタル革命、つまりデジタル情報通信のテクノロジーの浸透によって、顧客のデータを基盤として顧客との関係性を構築していくマーケティングの手法がより一般化されるようになったためであろう。

3. メディアの変化とダイレクト・マーケティング・コミュニケーション

3-1. メディアの変化

　メディアは長い間、紙媒体を中心に情報を記録して、伝達することが主な機能であったが、ラジオ・テレビなどの電波メディアの発達によって、不特定多数の人々に情報を伝えることができるようになった。しかし、1990年代以降

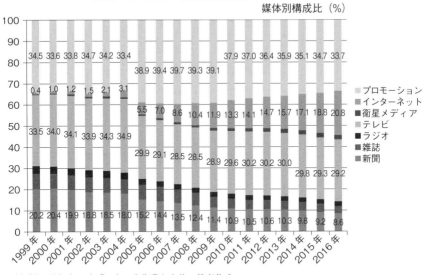

図表 4-3　日本の媒体別広告費（1999〜2016年）

（出典）電通（2017）「日本の広告費」を基に筆者作成

　のインターネットを基盤とする双方向性メディアの登場により、一方的な情報の伝達機能しかなかったメディアは衰退しつつあり、一方通行ではないコミュニケーションの重要性が高まっている。

　図表 4-3 の電通の「日本の広告費」で、1999 年から 2016 年までの媒体別広告費の構成比の変化をみると、テレビ・新聞・ラジオ・雑誌など、いわばマス四媒体の衰退と、インターネット広告費の成長が確認できる。さらに、博報堂のメディア環境研究所の「メディア定点調査 2016」によると、「携帯・スマホ」と「タブレット」の合計時間がメディア接触全体時間の 3 割に迫るなど、生活者のモバイル（携帯・スマホ・タブレット）メディア接触時間が増加している。さらに、1 日当たりのメディア接触時間は、過去最大の 393.8 分となった（博報堂、2016）。このように、テレビを中心とした電波メディアから、ネットを中心とするデジタル・メディアへの変化が目立つ。

　さらに、コミュニケーション手段のデジタル化の中で、プロモーション・メ

ディアの動向も見逃せない。電通「日本の広告費」では、1999年の34.5％から16年33.7％と、構成比でみると大きな違いはないが、16年のプロモーション・メディアの広告費は2兆1,184億円であり、その中でも特に注目すべき領域は「展示・映像など」である。その成長率が対前年比で16年は104.3％、15年は107.7％であり、プラス成長が続いている。さらに、日本イベント産業振興協会のまとめによると、国内のイベント市場規模は2015年に14.6兆円であり、前年に比べて10％拡大している（「日本経済新聞」2016年8月24日付朝刊）。

　さらに、メディアのソーシャル化は、新たなタイプのマーケティング・コミュニケーション戦略を求めている。既存のマーケティング・コミュニケーションでは、メディアは有料であり、そのメディアの権威と受け手への到達可能性からその価値が決められた。しかし、ソーシャル・メディアのような誰でも発信することができる、さらに企業の制御ができないメディアが、メディアの中心的役割を担うようになってきている。

　Kotler, et al.（2016）は、情緒的であり相互利益の関係をベースとしているネチズン（netizen：ネット上で活動する人）のコミュニティに注目している。彼らは社会の連結者となっている。ほかのネチズンとつながって、コミュニケーションすることと同時に、コンテンツを生み出すだけではなく、表現力の強い伝道師でもあるという。したがって、コミュニケーションのデジタル化・ソーシャル化の中で、体験型のコミュニケーション領域の成長は、情緒的コミュニケーションやコンテンツの重要性がより高まっていることを裏づけていると考えられる。

　一方、デジタル・メディアの進化の中でも、従来型のマス・メディアに対する信頼度は変わっていない。ニールセン（2015）の広告信頼度の調査結果をみると、テレビ、新聞、雑誌は、信頼され続けるメディアであり、回答者全体の6割超（63％）が、テレビ広告を「完全に」または「ある程度信頼する」と答えている。同社の13年の調査に比べて1ポイントも上昇している。同様に、新聞および雑誌広告を信頼している回答者の割合は、これよりわずかに低いだけで、それぞれ2年前と比べて1ポイント、2ポイント減の60％、58％だっ

たという。このように、従来型のメディアと新たなメディアのどちらも活用する必要性が提示された。

3-2. ダイレクト・マーケティング・メディア

　近年のアメリカのダイレクト・マーケティングのメディアを考察してみよう。アメリカの DMA の調査によると、2012 年と 2015 年のメディア利用の実態は、e メール（2012 年：83％→2015 年：82％）、ダイレクト・メール（2012 年：79％→2015 年：50％）、ソーシャル・メディア広告（2012 年：データ無し→2015 年：34％）、有料検索（2012 年：48％→2015 年：30％）、オンライン・ディスプレイ（2012 年：32％→2015 年：29％）、電話（2012 年：32％→2015 年：17％）、モバイル（2012 年：11％→2015 年：10％）であった（DMA, 2015）。

　プロモーション・キャンペーンにおける各メディアの使用状況をみると、e メールやダイレクト・メールの利用が多く、ソーシャル・メディア広告も多くの企業で採用している。一方、ダイレクト・メールや電話の減少だけではなく、有料検索（paid search）やオンライン・ディスプレイなどの減少も目立つと同時に、コミュニケーション手段のデジタル化が目立つ。

　さらに、顧客獲得費用（以下 CPA：Cost Per Acquisition）からすると、インターネット・ディスプレイは 41〜50 ドル、ソーシャル・メディアは 16〜18 ドル、モバイルは 16〜18 ドル、有料検索は 21〜30 ドル、e メールは 11〜15 ドル、ダイレクト・メールは 19 ドルである。また、メディア別のレスポンス率をみると、電話は 9〜10％、モバイルは 0.2％、有料検索は 0.1％、インターネット・ディスプレイは 0.02％、ソーシャル・メディアは 0.1％、e メールは 0.1％、ダイレクト・メールは 3.7％ であった（DMA, 2015）。

　では、ダイレクト・マーケティングの各メディアの特徴はどうなっているのか。ダイレクト・マーケティングのメディア別に特性をまとめてみると以下の図表 4-4 のようである。

図表 4-4　各種メディアの特性

メディア	メリット	デメリット
ダイレクト・メール、カタログ	・カスタマイズ化された情報提供によるクロス・セリングやアップ・セリング	・印刷・製本・郵送などのコストがかかる
電話（コールセンター）	・顧客とのヒューマン・コミュニケーション	・顧客に不快感を与える恐れがある ・人的コストがかかる
モバイル	・利便性、コストの安さ	・顧客にわずらわしさを感じさせる ・情報に継続性がない
雑誌	・丁寧な説明が可能 ・比較的に長く読まれる	・購読者が限定される
新聞	・丁寧な説明が可能	・掲載期間が短い
テレビ	・幅広い潜在顧客を獲得	・高い媒体コスト ・複雑な説明ができない

4. 顧客接点とヒューマン・コミュニケーション

4-1. ヒューマン・コミュニケーションの重要性

　上記のようにメディアのデジタル化によって、むしろヒューマン・コミュニケーションを強化する重要性が浮上している。デジタル時代のダイレクト・マーケティング戦略においても、デジタル・メディアやテクノロジーだけでは限界があり、ヒューマン・コミュニケーションを強化する必要性があるだろう。その主な要因は、デジタル化できないヒューマン・コミュニケーションや顧客体験こそが、ダイレクト・マーケティングにおける重要な差別化要素となると考えられるからである。デジタル時代のマーケティングは、企業と顧客間のオンラインとオフラインの相互作用を結合し、機械対機械の連結を人間対人

間の接触によって補完し、顧客エンゲージメントを強化する必要がある。デジタル・マーケティングは伝統的なマーケティングを完全に代替することはできない。伝統的なマーケティングはブランドの認知度を高めるには有効であり、相互作用の進展によって顧客と企業間に、より親密な関係を構築するには、デジタル・マーケティングの重要性が高まる（Kotler, et al., 2016）。伝統的なマーケティングとデジタル・マーケティングを併用する必要があることから、コミュニケーション戦略も同様に、既存メディアとデジタル・メディアを融合する必要性がある。その中で、より個々の顧客の嗜好に合わせたヒューマン・コミュニケーションが求められている。一人ひとりの顧客を相手とするヒューマン・コミュニケーションは、デジタル・コミュニケーションよりも、情報伝達のスピードや顧客1人当たりのコストはかかるが、顧客への影響の強さや顧客が製品やサービスを理解しやすい状況を作り出す。さらに、デジタル上では得られない、顧客からの直接的なフィードバックによって、顧客との双方向性のコミュニケーションを実現できると考えられる。

　ヒューマン・コミュニケーションの中心には顧客と従業員がいる。サービスを提供するうえでテクノロジーが多用されるようになると、顧客を満足させたり、競争相手と差別化したりするには、かえって従業員の接客態度がカギになってくる。

　その関係は、サービス・トライアングルとして、広く知られている。満足した従業員は顧客を創造し、満足した顧客を通して従業員の職務満足は高められる（Zeithaml, et al., 2007）。

　銀行の支店と従業員を対象とした調査から、サービスを強調する組織風土と従業員の福祉を強調する組織風土が、サービス品質に対する顧客の全般的知覚と相関関係があることを示した。さらに、アメリカのシアーズでは、顧客満足度が高い売場で働く従業員の離職率は54％だったのが、顧客満足度が低い売場は83％であった（Bowen, et al., 1999; Schneider & Bowen, 1993）。これらは「サービス・プロフィット・チェーン」として、従業員満足と顧客満足に関係している。従業員と顧客のロイヤルティと収益性・生産性を関係付けるサービス・プロフィット・チェーンこそが、企業の利益と成長のカギになるという。

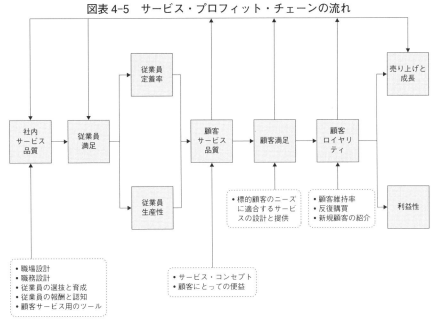

図表 4-5　サービス・プロフィット・チェーンの流れ

（出典）Heskett, et al.（1994）邦訳を基に筆者作成

　図表 4-5 のように、顧客サービスの質と顧客満足は、従業員満足（従業員定着率・従業員生産性）によって決まる（Heskett, et al., 1994）。

　従業員満足と顧客満足には、相互作用がある。従業員の顧客志向的な行動は、サービスの品質に影響を及ぼす。信頼性（reliability）、応答性（responsiveness）、確信性（assurance）、共感性（empathy）、有形性（tangibles）というサービス品質のすべての次元は、従業員によって直接的に影響される（Zeithaml, et al., 2007）。

　従業員の継続性とコミットメントは、新製品・サービスのアイディア、新規顧客のさらなる推奨、顧客のよりよい維持、顧客のよりよい選択による収益拡大と、新規従業員のさらなる推奨、高生産性、訓練費用の節約、などの費用削減を通して、企業組織の全体に影響を与える（Heskett, et al., 2003）。

　さらに、Barsade & O'Neill（2015）は企業文化を「認知的文化」と「情緒的

文化」に分類し、「情緒的文化」の重要性を説明している。「認知的文化」とは、目標達成への指針としてメンバー間で共有される、知的な理念、規範、成果、前提などである。「認知的文化」によって、職場での発想や行動の方向付けがなされ、顧客重視、革新性、チーム志向、競争心などの程度や、理想とされる水準が決まるという。一方、企業の「情緒的文化」とは、メンバーが共有する情緒的理念、規範、成果、前提などであり、「情緒的文化」によって、職場で人々がどのような感情を示すか、また、抑えたほうが無難な環境は何かが決まるという。彼らの10年に及ぶ調査の結果、「情緒的文化」は、従業員満足やチームワーク、さらに財務業績などの定量的な面にも与える影響が大きいことを指摘している。

　国内でも、受注率の異なる二つのコールセンターAとBを比較し、なぜコールセンターBの受注率が高いかを、両者の人員に名札型のセンサーを装着してもらい、体の動きのデータを計測した研究がある。その結果、コールセンターBのスタッフのほうが休憩中の体の動きが活発であることが判明した。その理由として、コールセンターBのスタッフのほうが、休憩中にスタッフ同士の雑談がよく弾んでいることが判明した。そこで、それまでは各自バラバラにとっていた休憩時間を複数人でとるようにしたところ、より多くの雑談が生まれ、受注率も13％増加した。さらにスーパーバイザーが、適切な人に順番に声をかけると、休憩中の会話がさらに盛り上がることもわかった。これらの情報に基づいて、コミュニケーションが必要な人の情報を「コミュニケーション・サポート対象者」としてクラウドで共有、休憩中の会話の活発度を上げるような施策を1年間実施したところ、コールセンターの売り上げが27％増加したのである[6]。

　例えば、再春館製薬所では、顧客との「ヒューマン・コミュニケーション」の重要性をいち早く認識し、コミュニケーション戦略として活用している。当社では、顧客対応のみならず、社内のコミュニケーションも機械的なメールではない「人対人」という「ヒューマン・コミュニケーション」を、すべてのコミュニケーションの基本にしている。2007年に移転した熊本空港近くの本社は、まるでイベント会場である東京ビックサイトを連想させる。本社オフィス

のフロアには一切の壁や仕切りがない。コールセンターや支援部署などすべての部署が、一つのフロアに集結している。そのため、社内の他部署とのコミュニケーションも、メールではなく対面コミュニケーションが原則になっている。コールセンターも外注ではなく、本社の中心に置かれワンフロアで顧客からの生の情報が共有されている。その結果、社内で迅速かつ正確に顧客情報を共有して、対応することができる（三村・朴，2015）。

4-2. これからのダイレクト・マーケティング・コミュニケーション戦略

　本章では、マーケティング・コミュニケーションの観点から、ダイレクト・マーケティングを考察し、これからのダイレクト・マーケティング・コミュニケーションの課題とその方向性について検討した。その結果、コミュニケーションの受け手である顧客視点からのメディア戦略がより求められていることが確認された。さらに、メディアのデジタル化の中で、デジタル化できないヒューマン・コミュニケーションなどの重要性についても確認した。すべてのメディアがデジタル化されても、あらゆるコミュニケーションの中心にはわれわれ人間がいる。そのため、デジタル・コミュニケーションだけではマーケティング・コミュニケーションは成り立たない。人間が中心となるコミュニケーションは、テクノロジー、コミュニケーション手段、メディアの変化にもかかわらず、その重要性は変わらないだろう。したがって、送り手である企業には、顧客視点からのより人間を中心としたコミュニケーションが求められるだろう。一方、既存のコミュニケーション手法とデジタル・コミュニケーションを戦略的に統合または融合することによって、その目標が達成できると考えられる。それゆえ、これからのダイレクト・マーケティング・コミュニケーションの、デジタル時代における課題をまとめると、以下の通りになる。

　第一に、ダイレクト・マーケティング・コミュニケーションの抜本的な見直しも必要とされている。従来型の通信販売の環境下で使用してきたコミュニケーション戦略と、デジタル・メディアを中心とする新たなメディア戦略をどのようにバランスよく活用できるかどうかが課題である。伝統的なマーケティ

ングとデジタル・マーケティングを統合、または結合するマーケティング戦略の必要性や、メディア戦略の観点からすると、コミュニケーションの目的に合わせ、従来型のメディアと新たなメディアを、ターゲット顧客の視点からとなるマーケティング戦略の目的に合わせて活用できる、メディア・ニュートラル的アプローチが必要であると考えられる。

　第二に、シニア層を中心ターゲットとしたコミュニケーション手法から、幅広い年齢層に適応できるデジタル・コミュニケーション手法を積極的に活用する必要性である。既存のダイレクト・マーケティング・コミュニケーションの多くは、従来のメディアを活用し、シニア層を中心とした新規顧客の獲得にフォーカスした戦略になっていた。デジタル時代のコミュニケーションには、幅広い年齢層の新規顧客の獲得だけではなく、既存顧客の維持や管理にフォーカスした戦略も必要になっている。そのためには、既存のダイレクト・マーケティング・コミュニケーションの枠を超え、デジタルや CRM と融合した、新たなコミュニケーション戦略が求められている。デジタル時代のダイレクト・マーケティング・コミュニケーションは、ソーシャル CRM や社内外のデータなどを統合し、幅広い年齢層との関係性を構築したり強化することのできる新たなコミュニケーション戦略が求められている。

　第三に、プッシュ型のコミュニケーション戦略から、プル型のコミュニケーション戦略へと転換する必要性である。これまでの企業からの一方的な押しつけ型（プッシュ型）のコミュニケーション戦略だけではなく、顧客から接近してもらう（プル型）戦略が必要とされている。そのためには、企業独自の「コンテンツ」を活用したプル型のインバウンド・マーケティング[7]が、より効果的なダイレクト・マーケティング・コミュニケーション戦略となるだろう。

　第四に、CRM などの定量的なデータを基盤としたコミュニケーション戦略と、顧客と直接コンタクトをする従業員からの定性的な情報を融合したコミュニケーション戦略を、統合して実施する必要性である。デジタル時代におけるダイレクト・マーケティング・コミュニケーション戦略は、企業内の従業員からの情報やソーシャル・メディア上のデータを、蓄積・分析・管理することの中で発展する。そのコミュニケーション活動の成果は、瞬時に売上やブランド

に反映されたかどうかで測定できる。さらに、企業内外の二次データ[8]と統合的に分析・予測することによって、顧客エンゲージメントを高めることにもつながる。これからのダイレクト・マーケティング・コミュニケーション戦略には、コミュニケーション活動のPDCA（plan-do-check-act）サイクルをできる限り早く回すことによって、顧客とのコミュニケーションを進化させることが求められている。

　第五に、フレキシブルなコミュニケーション組織の必要性である。デジタル・マーケティングは既存のマーケティングとは異なり、新たなメディアの活用だけではなく、デジタル・メディア特有の性質から、機敏な対応や戦略の柔軟性が求められる。さらに、既存の宣伝部や広報部に限らず、企業を横断した調整やマネジメントの必要性もある。そのため、従来型の組織ではうまく機能できない恐れがある。したがって、組織をまたがるフレキシブルなコミュニケーションのマネジメントも求められる。さらに、従来のメディアとは異なる、新たなメディアに馴染まないマネジメント層の抵抗感や限界も予想されるため、社内のコミュニケーション関連部署の組織構造をどのように構築するかは、新たなデジタル環境下では最も重要な課題の一つになるだろう。

（1）一方、従来型のマーケティング・コミュニケーション手法であったテレビや、紙をベースとする新聞・雑誌も、その影響力が弱まっているとはいえ、中高年を中心にメディアとしての存在意義を発揮している。
（2）「1. マーケティング・コミュニケーションとしてのダイレクト・マーケティング」と「3-1. メディアの変化」については、朴（2017）を基に記述した。
（3）成就する、実現するという意味で、ダイレクト・マーケティングでの販売や販売促進コミュニケーションでレスポンスを受け入れた後の、顧客を満足させ続けるためのすべての対応・手段・処理・サービスなどを含むプロセスである（中澤，2005）。
（4）中間業者を介在させず、直接に消費者あるいは顧客に情報伝達と取引活動を行う通信販売、訪問販売、ネット販売がその典型である。
（5）マス広告、販売促進、人的販売、プロモーションと並ぶコミュニケーション・ツールとしてのダイレクト・マーケティング→ダイレクト・マーケティング・コミュニケーションとしての定義。
（6）「ビッグデータ＋人工知能と人間の幸福感がビジネスの業績を向上させる」
　　（http://web-tan.forum.impressrd.jp/e/2015/03/06/19423：最終アクセス2017年12月1日）

（7）顧客が企業のウェブサイトやコンテンツなどを見ることによって、当該企業の商品や
　　ブランドに関心を持つようにするマーケティング。
（8）企業内外ですでに収集されているデータ。

〈参考文献〉

亀井昭宏（2009）「マーケティング・コミュニケーションの本質と構成領域」亀井昭宏・ル
　　ディー和子編『新マーケティング・コミュニケーション戦略論』日経広告研究所、13〜
　　25頁。

中澤功（2005）『体系ダイレクトマーケティング：基本理論と実践技術』ダイヤモンド社。

朴正洙（2017）「デジタル時代のマーケティング・コミュニケーション：進化プロセスから
　　考察し課題を抽出」『日経広告研究所報』293号、30〜37頁。

三村優美子・朴正洙（2015）「新市場開拓における通信販売の可能性」『マーケティング・
　　ジャーナル』137号、50〜65頁。

Barsade, S. & O. A. O'Neill（2015）"Manage Your Emotional Culture," *Harvard Business
　　Reivew*, Jan-Feb, pp.58-66（有賀裕子訳「組織に必要な感情のマネジメント」『ダイヤモ
　　ンド・ハーバード・ビジネス・レビュー』7月号、82〜94頁，2016）

Berlo, D. K.（1960）*The Process of Communication: An Introduction to Theory and Prac-
　　tice*, International Thomson Publishing, Harcourt School.（布留武郎・阿久津喜弘訳『コ
　　ミュニケーション・プロセス：社会行動の基礎理論』協同出版，1972）

Borden, N. H.（1965）"The Concept of the Marketing Mix," in Schwartz G.（Eds.）, *Science
　　in Marketing*, pp.386-397, John Wiley & Son.

Bowen, D. E., S. W. Gilliland & R. Folger（1999）"HRM and service fairness: How being fair
　　with employees spills over to customers," *Organizational Dynamics*, 27（3）, pp.7-23.

DMA（2015）*DMA Response Rate Report 2015*, DMA.

Egan, J.（2014）*Marketing Communication*, Sage.

Heskett, J. L., O. J. Thomas, W. L. Gary, W. E. Sasser & L. A. Schlesinger（1994）"Putting
　　the Service-Profit Chain to Work," *Harvard Business Review*, Mar-Apr, pp.164-170,
　　Harvard Business School Press.（小野譲司訳「サービス・プロフィット・チェーン実践
　　法」『ダイヤモンド・ハーバード・ビジネス・レビュー』6月・7月号、4〜15頁、ダイ
　　ヤモンド社，1994）

─────, W. E. Sasser & L. A. Schlesinger（2003）*The Value Profit Chain: Treat Employees
　　Like Customers and Customers Like Employees*.（山本昭二・小野譲司訳『バリュー・プ
　　ロフィット・チェーン』日本経済新聞社，2004）

───── & L. A. Schlesinger（1983）"The Service-Driven Service Company," *Harvard Busi-
　　ness Review*, Sep-Oct, pp.71-81,（編集部訳「産業再生と雇用創造を求めてポスト工業社
　　会のサービス・モデル」『ダイヤモンド・ハーバード・ビジネス・レビュー』7月号、

100～114 頁、ダイヤモンド社，2003)

Kotler, P., H. Karatajaya & I. Setiawan（2016）*Marketing 4.0: Moving from Traditional to Digital*, Wiley.（恩蔵直人監修・藤井清美訳『コトラーのマーケティング 4.0』朝日新聞出版，2017）

───── & K. L. Keller（2006）*Marketing Management 12^{th}ed*, Peason.（恩蔵直人監修・月谷真紀訳『コトラー＆ケラーのマーケティング・マネジメント』ピアソン・エデュケーション，2008）

───── & K. L. Keller（2015）*Marketing Management 15^{th}ed*, Peason.

Mooij, D. M.（2014）*Global Marketing and Advertising: Understanding Cultural Paradoxes*, Sage 4th.（朴正洙監訳『グローバル・マーケティング・コミュニケーション』千倉書房，2016）

Schneider, B. & D. E. Bowen（1993）"The service organization: Human resources management is crucial," *Organizational Dynamics*, 21（4），pp.39-52.

Schultz. D. E., S. I. Tannenbaum & R. F. Lauterborn（1993）*The New Marketing Paradigm*, NTC Business Books.

Shannon, C. E. & W. Weaver（1967）*The Mathematical Theory of Communication*, The University of Illinois Press.（長谷川淳・井上光洋訳『コミュニケーションの数学的理論』明治図書出版，1969）

Tapp. A., I. Whitten & M. Housden（2014）*Principles of Direct Database & Digital Marketing*, Peason Education.

Wunderman, L.（1997）*Being Direct: Making Advertising Pay*, Random House.（松島恵之訳・監修『「売る広告」への挑戦：ダイレクトマーケティングの父・ワンダーマン自伝』電通，1998）

Zeithaml, V. A., M. J. Bitner and D. D. Gremler（2007）*Service Marketing: Integrating Customer Focus Across the Firm 4th*, McGraw-Hill.

【ウェブサイト】

電通（2017）日本の広告費（http://www.dentsu.co.jp/knowledge/ad_cost/：最終アクセス 2017 年 12 月 1 日）

博報堂（2016）「メディア定点調査 2016：時系列分析～メディア環境の 10 年変化～」（http://www.media-kankyo.jp/news/media/20160620_3420.html：最終アクセス 2017 年 4 月 12 日）

ニールセン（2015）「広告信頼度―グローバル調査」（http://www.nielsen.com/content/dam/nielsenglobal/jp/docs/report/2015/JP_Global%20Trust%20in%20Advertising%20Report%20-%20September%202015.pdf：最終アクセス 2017 年 4 月 12 日）

第5章
通信販売の歴史と日本における展開

　かつて通信販売は、既存の流通における店舗販売の補完的な役割を果たしていたが、宅配便システムとインターネットを基盤とするプラットフォーム型ビジネスモデルの急速な普及などが進むにつれ、現在は既存の店舗型の流通網を脅かす存在として成長している。さらに、モバイルやソーシャル・メディアなどを取り入れた新たなビジネスモデルが次々と誕生するなど、カタログやテレビを中心として成長してきた通販業界のパラダイムも新たな局面を迎えている。通信販売を取り巻く環境の急速な変化に対応し、さらなる成長を成し遂げるためには、通信販売の歴史とその変化のメカニズムやトレンドを正確に把握する必要があるだろう。

　本章では、通信販売の歴史を遡ることによって、通信販売の発生から現在に至るまでの変遷プロセスを、今日の課題をふまえて考察することを目指す。第1節では、通信販売の発達の歴史と日本における通信販売の歴史について論じる。第2節では、通信販売のビジネスモデルについて考察する。第3節では、世界的なネット市場の寡占化と課題について論じる。第4節では、これからの新たな日本型の通信販売の必要性について検討する。

1. アメリカと日本における通信販売の歴史

1-1. 通信販売の誕生と発展

　通信販売の歴史は、中世のルネッサンス時代にまで遡る。商業印刷の父であるヴェネツィアのマニュティウスによる書籍の価格表が現存する最古のカタロ

グとされている。マニュティウスは、1498 年イルカと錨のロゴマークをつけたカタログを発行し、そのカタログには 15 の書籍をとりあげたという。

　アメリカの建国の父であるベンジャミン・フランクリンも、イギリス植民地であったアメリカにおける主要な印刷業者であり、1744 年には「知識と科学の主要分野にまたがる約 600 冊の書籍」というカタログを発行した。その表紙には、「遠方に住んでいる人も、フランクリンに注文を伝え、代金を支払うならば、まるでそこに居合わせているかのように、同一の正当な取り扱いを受けることになります」という内容の印刷文があり、すべての人に同一価格で販売したという[1]。

　今日の巨大ネット企業である「アマゾン」も、インターネット書店から始まった。その後、世界最大の通信販売企業に成長したことを考えると、歴史の面白さを感じるだろう。

　種子のカタログも、最も古くから存在していたもののひとつであり、18 世紀には通信販売の中心はアメリカとなった。トーマス・ジェファーソン（米国第 3 代大統領）もヨーロッパやアメリカ国内から、常に通信販売方式で、種子を購入していたという（Ross, 1984）。これらのことからすると、1700 年代から越境 EC の原型となる仕組みが存在していたことは興味深い。

　1800 年代半ばからは近代的な通信販売が芽生える。1845 年に、近代通信販売登場の前兆となる出来事として、ティファニー・ヤング＆エリス社（現在のティファニー）が「実用品と趣味品のカタログ」を発行した。

　近代的な通信販売は 1872 年のモンゴメリー・ワードが始めた。その背景には、南北戦争終結後のアメリカのオハイオ州・ミズリー州・カンザス州などで、農民が購入する商品の価格が高い一方で、農民が販売する農産物の価格は安かったことがある。1867 年「中間業者を排除せよ」というスローガンのもとに、消費者との直接取引を目的とする農民共同組合「グレーンジ結社」が組織化された。その会員は 50 万人に近かった。このような状況からの新たなビジネスモデルに着目したのがモンゴメリー・ワードであった。1872 年に全国「グレーンジ結社」と提携関係を結び、「正真正銘のグレーンジ結社の卸売商品の供給業者」という見出しのカタログが、近代の通信販売の始まりである。中

間業者を排除することによって、40％も安くなるとモンゴメリー・ワードは主張した。さらに、1875 年には返品および返金ができるという消費者保護を取り入れた（Ross, 1984）。モンゴメリー・ワードの通信販売は、まったく見ず知らずの売り手と買い手が互いを信用して行う新しいビジネスとして誕生したのである。

1884 年には 10,000 品目を掲載する 240 ページからなるシアーズのカタログによって、カタログを柱とする近代の通信販売が本格化した。

このような近代的な通信販売がアメリカで発展した理由としては、農家の孤立生活、アメリカの識字能力の普及と定期刊行物の配布、稼働能力の増大と生活水準の向上、地方小売業者の不適当さおよび不用意さ、通信販売の低価格、買い戻しおよび取り替えの保証、誠実な広告の評判、小包郵便を含めた郵便制度の改善、注文品の迅速な発送サービス、効果的なマーチャンダイジング、などがあげられる（徳永, 1990）。近代的な通信販売の誕生の背景と成長には、中間業者排除による低価格や消費者保護のための返品・返金という、供給者ではなく消費者視点からのビジネスモデルの確立があったことに注目したい。

1920 年代、主要企業であるシアーズ社とモンゴメリー社は、無店舗販売から百貨店などの有店舗を中心とした小売業に転換した。シアーズ社は 1925 年にインディアナ州エヴァンズヴェルに、モンゴメリー社は翌年の 1926 年、同じくインディアナ州のウィセンヌに 1 号店を開設している。それでは、なぜ小売店舗の開設を行ったかであるが、少なくともシアーズ社にとっては消費者の購買慣習の変化と社会の将来展望に対応したからにほかならない。具体的にいうならば、自動車保有台数の伸びにより、全国的な高速道路網の整備、そして米国のおおよそ半数の人口が都市地域および新しくできた郊外都市に住むようになり、店舗はその需要の吸収のために必要であったのである。1912 年から1928 年までのシアーズ社とモンゴメリー社の売上をみると、それぞれ 7,712 万ドル→3 億 1,977 万ドル、3,500 万ドル→2 億 1,435 万ドルと急成長するが、少し先の 1952 年のシアーズ社とモンゴメリー社の店舗からの売上の割合は、それぞれ 70％、66％にまでになっている（徳永, 1990）。

シアーズ社とモンゴメリー社のような商品種類数が訴求力になっている企業

はカタログを主力の媒体としていたが、商品を絞り込んでいる多数の企業には自社の商品を告知するためにダイレクトメールの利用が中心となっていった。さらにタイプライターの発明（1867年）、地方無料郵便配達制度（1890年）等によりダイレクトメールの利用は加速していった。1917年にはアメリカ・ダイレクト・メール・マーケティング協会（DMMA）が設立されている（DMAの前身）。1940年代後半以降、ダイレクトメールは量、質の両方の点から、またスタイルの多様性から見ても飛躍的な前進を遂げている。とりわけ注目されるのは販売促進の技法で、記念品の供与、懸賞制の導入、クーポン（割引券）の発行等、が行われたが、とくにクーポンは効果的な手段として利用された。その後、1960年代、70年代を通じてダイレクトメールはリスト（名簿）とともに、媒体としての革命を牽引していくこととなる。

　一方、雑誌と新聞を用いたダイレクト・レスポンス広告は戦前から行われてきたが、さまざまな手法が行われるとともに、1960年代後期から70年代にかけてテレビによるダイレクト・レスポンス広告（テレビショッピング）が増加していった。このように広告媒体面ではすべてのメディアで通信販売（以下、通販）が行われる状況となっていったのである。

　受注の側面からみると、シアーズ社、モンゴメリー社の時代から注文は郵便を利用することが一般的であった。ちなみに通信販売の英語表記が「mail order business」となっているのはこのためである。しかし、シアーズ社が1960年代に電話受注を取り入れてからはその後のフリーダイヤル（800番）化の貢献もあり、電話が企業と顧客とを結ぶラインとなっていったのである。

　1990年代からは電子メディア（インターネット）に移行して、1995年にはアマゾンの誕生によって、通信販売市場のパラダイムが大きく変わることになる[2]。

1-2. 日本の通信販売の展開

①開拓者・津田仙の歩み

　日本における通信販売は、1875年農学者である津田仙が農学社を創設し「農業雑誌」を発行して、翌1876年からアメリカ産トウモロコシの種苗を通信

販売したのが始まりである。この津田仙こそが、日本の通信販売の「生みの親」ともいえる人物であるが、少し紹介することにしよう。津田は下総国佐倉藩、堀田氏の家臣小島良親（善右衛門）の3男に生まれ、1851年、元服して桜井家の養子となり、1861年に津田家の初子と結婚し婿養子となる。15歳で佐倉藩藩校、成徳書院（現在の千葉県立佐倉高等学校の前身）で学び、藩主堀田正睦の洋学気風もあり、藩命でオランダ語、英語の他、洋学や砲術を学んでいる。その後1861年、外国奉行の通訳として採用され、1867年、幕府発注の軍艦引取り交渉のためアメリカへ派遣されるのに伴い、津田仙は通訳として随行することとなる。明治維新後は官職を辞して、1871年には明治政府が設立した開拓使の嘱託となり、女子教育に関心のあった開拓次官の黒田清隆が政府の派遣する岩倉使節団に女子留学生を随行させることを企画すると、娘の梅子を応募させる。この津田梅子は女子教育のパイオニアとしてむしろ父親よりは有名になっていく。1875年、学農社農学校を設立し、1884年に閉校するまで農業教育を続けることになる。その間、学農社雑誌局発行の「農業雑誌」で1876年にアメリカ産トウモロコシの種の通信販売を始め、これが日本で最初の通信販売といわれているものである。正確な記録として残ってはいないが、通訳として渡ったアメリカでみたもののひとつが通信販売であったことが予想できる。それが農業教育、雑誌社設立による情報の普及、そしてさらには通信販売への広がり方が非常に興味深いところである。

②インフラとしての郵便制度

　津田仙が人物としての開拓者であるならば、いわば通信販売事業にとってのインフラとして重要であるのは「郵便制度」であったのかもしれない。世界初の郵便は、ドイツ・イタリアの名門一族の人物フランチェスコ・デ・タシス1世が、Thurn und Taxis を設立・運営する中で1516年から行ったものである。ちなみに通信販売の先進国ともいえる米国の郵便事業は南北戦争で公用の郵便サービスの無料化。1792年、郵便局法が連邦レベルでの郵便網充実を構想し、郵便ルートを開拓。さらに1840年までに、一つの郵便局が受け持つ住民の数はおよそ千人まで引き下げられ（郵便局の数はイギリスの2倍、フランスの5倍

ほど）、このような郵便制度を通して新聞が普及していくのである（1840年には3,900万部となった。住民1人あたり2.7部）。モンゴメリー・ワードやシアーズをはじめとする米国の通信販売の発展の背景にはこのような郵便制度の進化があったのである。

　日本では、1871年に東京〜京都〜大阪間に現行の制度の礎となる郵便制度が確立され、東京・京都・大阪に最初の郵便役所が創設され、さらに1872年、郵便役所は横浜、神戸、長崎、函館、新潟と全国展開が図られ、翌1873年には全国約1,100箇所の郵便取扱所が開設されたことから、郵便制度は全国に拡大した。前述した津田仙による「農業雑誌」の配布もこうした郵便制度を利用して読者に送られ、さらにはその中で行われた通信販売事業が全国の読者が対象となることができたのである。ちなみにトウモロコシの種が取扱われたことは、封書で送ることが可能であったことにもよる。

③通販事業者の拡大と挫折

　1890年後半からは「高島屋」や「三越」などの百貨店が一斉に通信販売事業へ進出する。1900年後半からは、アメリカの通信販売の事情は明治時代の商人に衝撃を与えたことで、「東京用達合資会社」などの通信販売の専業企業が出現するに至った。当時の通信販売の広告をみると、子供向けの玩具、ビジネスマン用の靴等、さまざまな顧客層向けの通信販売事業が行われており、現在以上に交通機関が発達していない、さらにはとくに地方での小売店が普及していないなかでの利便性が支持されていったことがわかる。しかしながらその勢いは、通信販売特有のシステム、つまりものを見ないで購入するという点が盲点となっていく。つまり「代金前払い、商品後渡し」の当時の商習慣を悪用した詐欺や粗悪な商品を販売するなど悪徳業者が相次ぎ、消費者の間には通信販売は詐欺的な商法である、という認識が広がっていく。実際、子供の時代に通信販売を利用した、もしくはその噂を聞き、育った利用者にとっては、「通信販売＝危ない販売方法」としてのイメージが定着することになるのである。そして、1910年不正業者を取り締まるために「誇大広告による不正商人取締法」が制定された。1940年代からは戦争の影響による物資の統制によって、

通信販売も終息していくことになる。通信販売事業が開始されたのが 1876 年ということは諸外国のなかでもかなり早い。それも江戸時代から明治時代へと転換し、数年後のことであることは外国文化の急速な吸収という時代背景によるものともいえるが、識字率の高さによるマス・メディアの発展が背景にあったともいえる。しかしながら、米国のシアーズ社が通信販売事業から百貨店事業にも進出していったのに対して、日本ではイメージの低下による顧客離れがおこり、対照的な展開となった。

④戦後の通信販売の復活

　1945 年の敗戦から日本の小売業はゼロからのスタートとなるわけであるが、必需品を販売することが中心ではない通信販売はそれ以下からのスタートともいえた。そのきっかけはかつて早い時期に通販事業を手掛けていた百貨店であり、1951 年には高島屋が通信販売を再開している。高島屋はまず大阪外商部に通信販売課が設置され、翌 52 年には東京店の外商部でも開始され、新聞チラシ広告を利用してスタートしている。当時は朝鮮動乱の直後でもあり、物不足の中、景気が良くなってきたため広告を打てば、飛ぶように売れたようである。1953 年には 2 色刷りのグラビアのカタログ通販を開始し、これまで注文のあった顧客に配布した。百貨店による通販は、その後、そごう（1952 年）、大丸（1953 年）等が続いて参入している。日本の通信販売に多大な影を与えた日本リーダーズダイジェスト社のレコード通信販売が開始されたのも同時期の 1952 年である。定期購読や購読者リストの活用などアメリカの先進的な通信販売の手法を国内に紹介したが、受け入れられた要因としては米国文化への強い憧れが日本人にはあり、雑誌で紹介される通信販売はまさにその象徴ともいえる存在であったからである。そして米国の近代的な通信販売手法は日本の小売事業者にも強い影響を与えていくことになり、今でもその通信販売手法は通販事業のバイブルとして脈々として受け継がれている。

　そして日本経済の高度成長期に入ると、消費者の生活が年々豊かになるのにつれて 1970 年以降の本格的な通信販売の成長期を迎えることになる。

⑤日本の通信販売事業の形成期

　1960年までの日本の通信販売のメディアは、カタログや新聞を中心とした印刷メディアだったが、1970年代からテレビ・ラジオなどの電波メディアが通信販売にも利用されるようになった。特に、テレビによる通信販売は1971年にフジテレビが番組の中で商品紹介のコーナーを設けたのが最初だった。さらに、クレジットカードの普及も通信販売の成長を加速させた。しかし、その後の通信販売の発展の土台を作る次の四つのことが、1973～1975年の3年の間におこることとなる。

　第一に、まだ通信販売自体の信用が確立していない中で、フジサンケイリビングサービス（現ディノス・セシール）（1974年）、高島屋（1975年）といったマス・メディアや百貨店といった一般に著名な企業が本格的なカタログを発行したことである（前述した高島屋は、戦前にカタログは発行しているが簡易な形態であった）。多くの通信販売企業は新聞、雑誌広告、あるいはDMといった媒体を利用しており、カタログは小売店でいえば独立した大型店ともいえる。顧客にとって通信販売は信用できないが、著名な企業のカタログであるならば信用できる、と新しい顧客の形成に寄与したものと思われる。

　第二に、通信販売から全国的なヒット商品が登場したことである。その口火をきったのが、日本ヘルスメーカー（現カタログハウス）のルームランナーである。ルームランナーは今でいう室内健康機器の走りで、全面広告で展開して話題を呼んだのである（1976年）。

　第三にヤマト運輸が宅急便をスタートさせたことである（1976年）。それまで商品の配送方法は郵便小包に頼っていたが取り扱い商品に制約があることや、受取り方法の利便性には難点があったが、個人宅宛ての宅配市場を創造することにより、利用者が広がっていったのである。続いて他の運輸企業も参入し、これらの運輸企業が通信販売のロジスティックス機能を担うようになったことも、通信販売の普及に大きく貢献することになる。その後、売り手・買い手間の物流機能だけではなく、代金引換のサービスによって、通信販売の利用者にとって安心で安全な取引ができるようになったことも通信販売の急成長の要因となった。

　第四に、通信販売の法律としてのルールが、「訪問販売等に関する法律（現特定商取引法）」の中で定められたことである（1976年）。この法律制定により、かつて大正年間にあった不正業者によって通信販売のイメージが失墜したことによるリスクが回避されたともいえる。

　これらの四点はその後の通信販売業界の発展の基礎として重要な転換点ともいえよう。

⑥成長期へ

　1980年代からはメーカー（例：ポーラ化粧品）系や外資系（例：アメリカン・エキスプレス）、地場産品の業者など参入企業が多様化したことにより、1982年度から1988年度までの通信販売の売上高は6,400億円から1兆3,200億円へと倍増、1980年代以降に飛躍的な成長を成し遂げた（日本通信販売協会）。

　このような通信販売の量的な成長に伴い、制度的な整備や業界内の自主的な動きも活発化した。消費者の通信販売に対するイメージは、悪質マルチ商法や誇大広告、さらに悪質の業者が絶えなかった状況からどうしてもネガティブなイメージが強かった。政府の通信販売関連の法制度の整備と同時に、1983年には「社団法人日本通信販売協会（JADMA）」が設立され、通信販売業界の自主的な規制および啓蒙活動によって、消費者における通信販売に対するネガティブなイメージが大きく改善されたといえよう。

　通信販売の多様化の象徴は九州地区の通信販売事業者によって興されたともいえよう。新幹線の博多駅開業の1975年、「ふくや」は遠方の利用者に対するサービスの一環として通信販売事業を開始することになる。再春館製薬所、もち吉等も含めて、これらの企業が地方事業者であっても大都市圏の顧客を相手にする大きな市場機会の発見が、九州地区の事業創造に火をつけたともいえる。2000年前後の健康志向を背景とした健康食品ブームにも乗り、キューサイ、やずや、エバーライフ、新日本製薬等が急成長していき、その後九州地区には年商100億円以上の通信販売企業が十数社ある、いわゆる「通販王国」として業界のなかで存在感を示していくこととなる。

⑦インターネットの登場による新時代へ

　1990年代には、インターネットという新たなメディアの出現によって通信販売は新たな時代を迎えた。1997年の楽天市場、2000年にはアメリカのアマゾン・ジャパンの開始など、通信販売業界の勢力図が大きく変わることになった。さらに、2010年代以降は携帯端末の急速な普及とソーシャル・メディアの浸透に伴い、パソコンを経由したインターネットからモバイルへ、さらに、スマートフォンとタブレットの普及によって、モバイルを経由したインターネットやソーシャル・メディアの重要性がますます高まるなど、テクノロジーのイノベーションが通信販売のメディアだけではなく、消費者とのコミュニケーション手段にまでも大きく影響を及ぼしている。

　1991年から2015年までの通信販売企業の売上ランキングの変遷を考察すると、通信販売の売上上位企業のダイナミックな様代わりが確認される。このようなダイナミックな変化の要因としては、メディア環境の劇的な変化と業界内の競争激化を指摘したい。特に、インターネットの急速な普及に伴い、カタログ系およびテレビ通販の衰退と、インターネット通販の成長がみられる。消費者向け（BtoC）から出発した通信販売がビジネス向け通販事業（BtoB）までも著しく成長させたことも確認できる。一方、日本では健康食品、サプリメント、化粧品などの分野で台頭している単品通販と呼ばれる領域の存在も見逃せない。独自の自然素材を使った製品の専門メーカーが事業を展開していたが、近年、食品・飲料、トイレタリーなどの有力消費財メーカーが新事業分野として積極的に参入するなど、成長し続けている（三村・朴，2015）。

　通信販売企業の売上ランキングの変遷からも確認されるように、2000年代以降の通信販売におけるネット通販の成長は看過できない。2016年度のBtoC（消費者向け）の国内電子商取引市場規模は15.1兆円（前年比9.9％増）であり、インターネット技術を用いたコンピューターネットワークシステムを介して商取引（受発注）が行われ、かつ、その成約金額が捕捉されるBtoBの電子商取引市場規模は291兆円（前年比1.3％増）に拡大しつつある。さらに、スマートフォンを経由した割合もBtoC市場の場合、2兆5,559億円であり、ネット通販市場の31.9％に相当する（平成28年度我が国におけるデータ駆動型社会全体に

係る基盤整備「電子商取引に関する市場調査」、経済産業省)。

　楽天市場は流通総額にモバイルの経由(フィーチャーフォン・スマートフォン・タブレットを含む)の比率は 63.3％ で前年同期比 4.7 ポイントも上昇している。この中でも、BtoC ネット通販市場の特徴は市場寡占化であろう。楽天の国内 EC 流通総額をみると、2016 年 7 月から 2017 年 6 月までの合計金額は、3,196 億円に上っている[3]。2015 年の日本事業におけるアマゾン流通総額は直販が約 1 兆 800 億円、マーケットプレイスが約 7,200 億円で、合計 1 兆 8,000 億円相当になったものと推定される[4]。その次が、ヤフー株式会社で、2016 年 3 月決算で「ヤフーショッピング」、「ヤフオク」、「LOHACO」、「アスクル」などを含めた流通総額は、1 兆 8,528 億円に達している[5]。

2. 通信販売のビジネスモデル

2-1. ビジネスモデルの特徴

　通信販売は前述したごとく、500 年以上も前に書籍のカタログが発行されたことを起源として長い歴史を経ている。商業がまだ近代化されていない時代になぜ通信販売は登場したのであろうか。ベンジャミン・フランクリンはこう言っている。「遠方に住んでいる人も、フランクリンに注文を伝え、代金を支払うならば、まるでそこに居合わせているかのように、同一の正当な取り扱いを受けることになります」。実はここに通信販売の本質が書かれているのである。利用者が居住する場所を問わないこと。つまり郵便制度がユニバーサルサービスの特徴があるように、平等な取扱いを可能にするところが基本である。当然、当時は近代的な交通機関や、郵便制度は登場していない中では遠方といっても限界があるが、近代的な小売業が登場していない中で、画期的な販売手法であったことが創造される。

　近代的な通信販売はシアーズやモンゴメリー・ワードによって切り開かれていくが、その背景には郵便制度の設置、あるいは交通機関の発達によってその利用範囲は広がっていくこととなる。ビジネスモデルとして通信販売をみてい

くと、米国ダイレクトマーケティング協会（Direct Marketing Association）の定義がその本質を表している。「ダイレクトマーケティングとは、1種類またはそれ以上の広告媒体を使用して、レスポンスや取引をもたらす双方向性のあるマーケティング・システム。レスポンスや取引は発生する場所を問わず、計測可能でデータベースに蓄積されるものとする」。まず第一は、広告媒体を使用すること。店舗小売業が店舗を利用することに対して、カタログやネット、あるいはマス媒体を利用することである。第二に、双方向性であること。一般的な広告が送り手側からの一方的な訴求に対して、ダイレクトマーケティングは顧客からの注文や資料請求等、顧客からのコミュニケーションが可能である。第三に、前述した場所を問わないことである。メディアや配送システムが発達していくことにつれて、限定性は徐々に低下して、現在ではグローバル化が進んでいる。第四は計測可能であることである。ダイレクトレスポンスを前提とすることから、注文にせよ、資料請求にせよ顧客からの反応があるということは、当該広告媒体による顧客獲得数が把握できることであり、広告媒体としての成果の計測が可能である、ということである。

　以上、4点がダイレクトマーケティングとしてのビジネスモデルとしての根幹になるものと思われる。

　別の視点から通信販売が成り立つ、環境的な要件を考えてみる。かつて通信販売が早く発展していった国は欧米、オセアニア、そして日本であった。この背景には文字が読めること、いわゆる識字率の高さがあり、そしてメディアが普及していることが必要な環境であったことがあげられる。世界的にも昔に比較すれば識字率は向上しており、さらにはインターネットが登場した現在では顧客に到達することは難しいことではなくなっている。しかし、小売店舗とは異なり、通信販売は顧客が注文した以降の取引がフローで流れていくことが特徴である。そのためにはそれを支える事業者の存在が大きなウェイトをもっている。たとえばコールセンター、倉庫、配送といったロジスティックス、代金決済関係、等々でそのほかにも通信販売事業を支える事業者は数多い。典型的なのはロジスティックス関係で、たとえば日本では非常にサービス品質が優れている事業者が多いが、とくに宅配サービスは諸外国ではどこでも日本のよう

なサービスが供給できているわけではない。ただこの点でも中国、東アジア諸国といったところが、急速に配送関係の整備を行い、ネット通販大国になっていることをみれば、新興国へのシフトがおこっていることが際立っている。かつての環境的な要件は変化しているものとみたほうがよいであろう。

2-2. ビジネスモデルのタイプ

次に、ネットを利用する通信販売が隆盛を極めているが、それによってビジネスモデルが進化していることについて考えてみたい。ネット通販事業を分類すると下記のようになる。

①プラットフォーム型

プラットフォームとは「土台・基盤」といった意味で、ネット上にたとえば「楽天・ワールド」をつくり、個人や企業等のプレイヤーが参加することで、はじめて価値を持ち、また参加者が増加するほど価値が増幅する、という特長がある。楽天やアマゾンをはじめ、Google、Apple、Facebook、Microsoft、Twitter、クレジットカード会社、セブン-イレブン等々があげられる。またプラットフォーム戦略とは、最終製品やサービスを提供するのではなく、他社がそれを利用して製品製造やサービス提供を行えるような「プラットフォーム＝土台」を創り出し、それを補完する製品やサービスを構築して、より高い「価値」を顧客に提供しようとするものである。日本人の国民的な気質はリスクを自分の責任で行うというよりは、こうしたプラットフォームの中でショッピングを行うことの安全性により高い価値を見出しているともいえる。実際、日本のネット通販市場をリードしてきたのは楽天、アマゾンの2社であったことは動かしがたい事実でもある。

②オムニチャネル型

ネット通販において、近年のキーワードの代表は「オムニチャネル」であろう。周知のごとくオムニチャネルは店舗小売業のネット対応を指しているが、なにを持って成功の指標とするかは各企業によってさまざまである。米国では

たとえば小売業のメイン商品であるアパレル関連の売上げでさえ、アマゾンは2014年から2015年の1年間で87％上昇し、米国アパレル市場の5％を占めるに至っている。そして2017年にはアパレル関連売上高トップの百貨店のメイシーズ（Macy's）を抜くことが予想されている（全米小売業のベスト3の一角に名を連ねようとしているので当然ともいえる）。こうした傾向は各主要小売業の店舗閉鎖となって影響が表れてもいる。実際、百貨店のメイシーズはオムニチャネルの言葉が出てきてからしばらくは「オムニチャネルをリードする」といったイメージがあったが、最近では経営数値としては全く精彩を欠き、店舗閉鎖の数だけが大きく報道されている。日本でも大筋では米国とほぼ変わりない状況となっている。たとえばアマゾンの位置づけは、2016年の日本での売上高は1兆円を上回り、日本の小売業ランキングでは大手百貨店を抜き、8位となっていることをみても明らかである。大手主要小売業がほぼ横ばいとなっているなかでコンスタントに2桁成長を維持しており、現在の成長率でいくと数年後にはイオン、セブン＆アイの2強の後の位置を伺える様相である。一方、もうひとつの見方としては日本のネット通販売上高ランキングをみると、上位20社のうちヨドバシカメラを筆頭に7社は店舗系で占められていることが目を引く。反面、既存通信販売企業、とくに総合通販企業のネット販売額の成長は鈍化している。こうした実態は、すでにオムニチャネル化は定着している、と見ることに全く無理がないともいえよう。

③独自企業型

　ネット通販の黎明期、つまり楽天市場やアマゾンがスタートする以前は独自ドメイン、つまり独自企業型が中心であった。今、振り返るとユニークなショップが数多くあったように思う。それらは店舗にはない、または並べられないという商品ジャンルであったり、ユニークな商品を有するサイトが多かった。しかしプラットフォーム型が主流になるにつれ、ユーザーは数多くのショップの中から選ぶことに価値観を見出し、日本では独自企業型は中心から退き、むしろプラットフォームへの出店、出品というかたちで対応していくことになっていく。しかし、出店者サイドからみた場合、何万という出店者間で

の競合により、実際利益が出ているのは2割程度、という声も聞く。利用者サイドからみればある商品を検索して画面に並んだショップ数が少なければ、やはり満足度は低くなる。ショップ側の激しい競合と利用者側の満足度の均衡は悩ましいところでもある。プラットフォームに入らない独自企業型で成功しているところは、オリジナル商品を持っている、売り方に工夫をしている、あるいは地域ブランドのストーリー性等をもっているところが多い。

3. ネット市場の寡占化と競争上の課題

　1990年代以降の世界経済のグローバル化とインターネット普及の進展の中で、各国の通信販売市場がインターネットを中心として急速に再編されつつあるとみられる。各国の小売市場における通信販売の割合をみると、日本は9.3％、アメリカは10％、ドイツは7.2％、イギリスは11.1％、中国は10.3％、韓国は15.3％であった。情報テクノロジー、メディアやロジスティックス（宅配便）などによって、各国のネット通販市場は均一化に向かっているといえる。その結果、日本（アマゾンと楽天）、中国（アリババと京東）、韓国（イーベイコリアとインターパーク）などの、プラットフォームを基盤とするネット通販が成長を続けている。さらに、日本と中国のネット通販市場では、寡占化が目立つ（朴，2016）。

　以下にネット通販市場の寡占化が進んでいる要因を整理してみる。

　第一に、プラットフォームというネット通販企業特有のビジネスモデルによるものである。プラットフォームを基盤とすることによって、規模の経済と範囲の経済のメリットを同時に享受している。たとえば、日本のアマゾンと中国のアリババは、ネット通販市場では規模の経済（コストダウン）と範囲の経済（関連売上の増大）を同時に実現している。プラットフォーム型を用いることで自社のリスク（資金・在庫・管理など）を最小限にすることによって、既存の流通企業では回避できなかったリスク要因も軽減できたといえる。

　第二に、消費者側の要因も考えられる。ネット通販の上位企業であればあるほど、取扱商品数と店舗数が多くなり、商品の選択肢が増える。これによっ

て、さまざまな消費者のニーズを満たすことができ、消費者側からすると買い物を娯楽として楽しむことができる。さらに、当該サイト内での業者間およびブランド間の価格競争が激化し、消費者にとってはより手ごろな価格で商品を購入することができる。ネット通販企業の売上が上がれば上がるほど、取扱商品の配送量も増えるため、宅配便業者との配送費用への交渉力を強化することにもつながり、既存の配送コストの転嫁を抑えることができる。

　インターネットにより購買前の探索と商品選択が容易になったことによって、「価格」がネット通販サイトの購買行動に最も重要な要素になったと考えられる（Sääksjärvi & Samiee, 2007）。その結果、非対面販売の典型的な特徴ともなる価格重視の購買、より安心できる信頼性、利便性などによって、特定の企業への寡占化が進むようになる。

　第三に、テクノロジーとグローバル化であろう。たとえば、アマゾンのほしいものを探す検索機能、ネット通販業者からのお勧めリスト、他の購入者によるレビューなどを提供するネット通販のサイトは、アルゴリズムなどの最先端技術を駆使した産物であろう。より利便性の高いサイトを構築するためには最新のテクノロジーが必要不可欠であり、そのテクノロジーの開発には莫大な投資が必要であることは間違いない。その結果、プラットフォームを基盤とするネット通販業者であっても、顧客の利便性が大きく異なる結果につながる。さらに、グローバル的な知識移転が可能な企業とローカル企業間のテクノロジーの格差と投資コストも避けられず、寡占化につながっていると考えられる。

　上記の要因から、ネット通販市場はより寡占化が進む可能性が高く、カタログ系の総合通販企業の基盤を崩すだけにとどまらず、コモディティ商品を扱っている店舗系の流通企業の存続を脅かす可能性がある。近年、国内ではオムニチャネル戦略が注目されているが、「店舗とネットの融合」から顧客との持続的な関係性を構築できないと、価格を優先する非対面購買の特徴から、価格重視のプラットフォーム系ネット通販との競争はより厳しくなる恐れがあると考えられる。特に、コモディティ商品を中心としている企業にとっては、プラットフォーム系ネット通販が提供する価値（価格・利便性など）を凌駕する価値を、顧客に提供できるかどうかが死活的な課題になるだろう。

4. 日本型の通信販売へ

　本章では、通信販売の歴史と通信販売のビジネスモデルの特徴やネット通販の課題に至るまで考察した。世界的なネット通販の寡占化の課題をふまえ、これからの日本型の通信販売戦略についての提言は以下のとおりである。

　第一に、プラットフォーム系モデルの台頭である。ネット販売が中心となり、アマゾン、楽天市場を筆頭にプラットフォーム企業が市場を牽引している。プラットフォーム企業は商品が全般的にコモディティ化する中で、多品種かつ品揃えの多さという、リアル店舗では不可能な形態をとり、供給側からの情報ではなく、顧客のレビューによる利用者視点の情報共有を可能とすることで、顧客の支持を得ているともいえる。衣料品に特化したゾゾタウンも、商品特化型のプラットフォームともいえよう。今後は、コンビニエンスストア、郵便局等の多店舗を有するタイプ、LINE 等のネット系、あるいはクレジットカードをはじめとする金融系、等々が新たなプラットフォームのモデルを構築する可能性もある。そういった状況をふまえると、個々の通販を志向する企業は自社ブランドで展開する通販だけではなく、プラットフォームをどのように利用するか、という視点が重要となるものと思われる。

　第二に、CRM の重要性である。ネット利用者がほぼ消費者の全員ともいえる状況となった現在、マス媒体からの情報は商品の認知を進行させる意味では有効ではあるが、購買決定に至る段階ではソーシャル・メディアが大きな影響力をもっている。企業と顧客をダイレクトに結ぶ通販を事業展開する企業は、より顧客を中心軸としたマネジメントを行うことが必須となるものと思われる。

　第三に、スマートフォンを中心とした展開である。ネット利用において、中心のデバイスは完全にスマートフォンに移行している。固定的な PC とは異なり、日中、特定の時間以外はすべて双方向のアクセスが可能であることは、リアル店舗とのシナジーも非常に行いやすく、店舗チャネルとの横断的な利便性を享受しやすいともいえる。通販を単独チャネルとしてとらえるのでなく、顧

客視点による複数チャネルの横断という視点が求められよう。

　第四に、ビジネスモデル変化となる AI、IoT 等、ここ数年間のテクノロジーの発展は目覚ましいものがあり、ビジネス全体への影響も大きなものがある。とくに通販市場でもその影響は計り知れないものが今後予想される。その際重要なのは、顧客の側に立った利便性の視点から新しいテクノロジーを活かしていくことにほかならない。

　本章では通信販売の発生から、その発展プロセスと現状を考察した。通信販売の成立には、郵便制度の成立（小包郵便、代金引換郵便、郵便振替）、マス・メディアの発展、運輸配送網の広がり（初期的には鉄道輸送，後にトラック輸送と宅配便），そして消費者保護制度など社会制度の整備が整った環境下で成長してきたことが確認された（三村・朴，2015）。

　通信販売業界の歩みを総括すると、日本の通信販売は世界でも早い時期にスタートしている。明治期からアメリカのメールオーダーの通信販売を模倣した形で出発し、カタログ、テレビ通販、ネットというメディアの変遷に伴い発展を遂げてきた。

　通信販売の現状と課題を提示するために、プラットフォーム系ネット通販とその他の市場に区分して考える必要があるだろう。たとえば、日本市場では、2010 年度以降のネットを基盤とするアマゾンや楽天市場などによる国内市場の寡占化が課題として浮上している。厳密な観点から通信販売の市場特性をみると、プラットフォーム系のネット通販はマス・マーケティングの色合いが濃く、ニッチを中心として成長してきた通販販売とは異なる箇所が多いことを指摘せざるを得ない。

　日本の単品通販は、典型的なニッチを対象としたマーケティングとみることができるので、マーケティングのパラダイムシフトに対応し、新たな成長を目指す際には最も良いケースになると考えられる。たとえば、日本の単品通販市場をみると、プラットフォーム系ネット通販とは異なる漢方・ハーブ・野菜・蜂蜜などの自然食材を使った製品の差別化と、顧客エンゲージメントの育成を徹底してきたことが確認されている（三村・朴，2015）。その結果、プラットフォーム系のネット通販の勢いに屈することなく、日本の単品通販は成長を続

けている。成長要因の中で最も注目すべき点は、顧客との絶えざるコミュニケーションによって、商品および企業に対する信頼度を育成した顧客エンゲージメントであろう。したがって、プラットフォーム系のネット通販に翻弄されないためには、まずは技術開発や原材料などの自社特有の独自性を追求したうえ、通信販売ならではの顧客との双方向性のコミュニケーション・システムによって、顧客エンゲージメントを育成していく必要性があると考えられる。

（1）ダイレクト・マーケティングの誕生と発展についての内容は、ニューヨーク大学特任教授だったRoss（1984）を基に翻訳した江尻（2005）「アメリカ・ダイレクト・マーケティングの歴史」日本ダイレクト・マーケティング学会刊行を基に記述した。

（2）日本だけではなくアメリカもアマゾンの恐怖は大きい。百貨店やスーパーだけではなく、生鮮品や衣料品、さらにはコンテンツ産業まで、アマゾンが進出する業界には強い逆風が吹き荒れるという。米国で「アマゾン・エフェクト」と呼ばれる現象によって、アマゾンの恐怖が米国の産業界に広がっている。例えば、米小売最大手のウォルマート・ストアーズが2017年8月17日発表した2017年5～7月期決算は、売上高は2％増えたものの、純利益が前年同期比23％減の28億9,900万ドル（約3,200億円）だった。要因は、アマゾン・ドット・コムの快進撃の陰で、業績が低迷しているのである（日本経済新聞2017年8月19日付朝刊）。一方、アマゾンの2016年4～6月期の純利益は、前年同期の約9倍となる8億5,700万ドル（約900億円）となり、過去最高を更新（日本経済新聞2016年7月29日付夕刊）するなど、アメリカだけではなく、世界のダイレクト・マーケティング市場をリードする企業として成長した（日本経済新聞2017年8月19日付朝刊、「米企業にアマゾン恐怖症、ウォルマート、2割減益、5～7月、影響銘柄を株価指数に〈ビジネスTODAY〉」）。

（3）楽天株式会社2016年度第2四半期の決算スライド資料、2016年8月31日）（https://corp.rakuten.co.jp/investors/documents/results/：最終アクセス2017年8月31日）

（4）インプレス（2017）「アマゾン日本事業の2016年売上高は約1.1兆円」（https://netshop.impress.co.jp/node/4002：最終アクセス2017年8月31日）

（5）ヤフー株式会社2017年度通期および第4四半期決算資料（2017年4月26日）ヤフー株式会社決算資料（http://ir.yahoo.co.jp/jp/archives/present/：最終アクセス2017年8月31日）

〈参考文献〉
石光勝・柿尾正之（2010）『通販～「不況知らず」の業界研究～』新潮社。

黒住武市（1990）「明治から昭和三五年までの通販販売」『通信販売業界の軌跡』社団法人日
　　本通信販売協会、2～42 頁。

斉藤駿（1998）『小売の説得術』ダイヤモンド社。

徳永豊（1990）『アメリカの流通業の歴史に学ぶ』中央経済社。

朴正洙（2016）「日本のダイレクト・マーケティングの現状と課題」流通情報 522 号、36～
　　47 頁。

三村優美子・朴正洙（2015）「新市場開拓における通信販売の可能性—単品通販に注目し
　　て—」『マーケティングジャーナル』日本マーケティング学会、35 巻 1 号、50～65 頁。

（公社）日本通信販売協会（1990）『通信販売業界の軌跡』。

————（2016）『第 34 回通信販売企業実態調査』。

————（2017a）『第 24 回全国通信販売利用実態調査報告書』。

————（2017b）「2016 年度『通販 110 番』報告書」。

Ross, N.（1984）*A History of Direct Marketing*, Direct Marketing Association.（江尻弘
　　（2005）『アメリカ・ダイレクト・マーケティングの歴史』日本ダイレクト・マーケティ
　　ング学会）

Sääksjärvi, M. & S. Samiee（2007）"Nonprice Antecedents of Consumer Preference for Cy-
　　ber and Extension Brands," *Journal of Interactive Marketing*, 21（1）, pp.22–35.（抄訳：
　　朴正洙『ウェブブランドにおける消費者の非価格先行要因』ダイレクト・マーケティン
　　グ研究、早稲田大学産業経営研究所，2010）

Wunderman, L.（1997）*Being Direct: Making Advertising Pay*, Random House.（松島恵之監
　　修『「売る広告」への挑戦〜ダイレクトマーケティングの父・ワンダーマン自伝』電通，
　　1998）

第6章
通信販売と消費者保護

1. 通信販売を支える制度と法律、業界団体の設立

日本の通信販売は、明治時代中期には始まったといわれる、意外と歴史は古いのである。特に明治30年代になると三越、高島屋といった百貨店が地方の有力顧客に対して、カタログを作成し本格的な通販を開始するなど隆盛したという。当時の通販の名残がまだ残る1924年（大正13年）発行の三越カタログでは、反物、和装小物のほか懐中時計などが扱われていた。

ここで注目したいのは、同カタログの巻末に挟み込まれた注文書である。品名、個数、注文予定の価格、お好みの傾向（派手好みか地味か）まで書き入れるようになっている。当時は、価格表示は商品によってあったりなかったり、特に反物は価格表示がない。消費者の要望を書き入れて、お店側で見繕って送るという形式だったようだ。欄外にはお願いや注意として、一家族であれば同一名義での注文をお願いし、転居の場合は新住所を教えてほしいなどとする表示があった。

さらに、注文と同時に代金を払った人には、書留小包便で送ることや支払いがない人には代金引換郵便で送ることなどが表示されていた。一方、注文した商品が品切れの場合は、当該商品に類似した商品を届けるが、気に入らなければ返品してほしいとの表示もあった。日本の通信販売の歴史については前章で触れられているので、本章ではこれ以上当時の通販の詳細を記述することは避けるが、明治、大正時代には法律上の規制などなかったが、すでに取引の慣行としてこのような表示をしていたということを指摘しておきたい。要は、何ら

の規制もなく商慣行として顧客を大切にしていたということである。

　戦後の通販は、昭和40年代後半から本格的に復活し、ダイレクトメール、カタログ、新聞、折込みチラシ、テレビ、ラジオなどの活字、テレビ、ラジオの電波媒体を使い、毎年二桁の伸びを示したと言われている。しかし、消費者団体などから通販は消費者トラブルが多いという声が大きくなりつつあったようだ。

①規制法の制定

　そこで、1976年（昭和51年）、第77回国会において**訪問販売等に関する法律**（＝訪販法、現：特定商取引に関する法律＝特商法）が制定された。当時の国会における議論は、訪問販売や連鎖販売（マルチ商法などといわれる）に関することが大半で、通販に関する議論はあまり記録されていない。というのも、当時まだ業界団体もなく、売上高統計などもない時代で実態が把握できない状態だったからである。訪販法はこのように店舗以外の販売方法が伸長する中にあって、消費者トラブルが増加してきたことへの対処の一つとして、あくまで業界を規制し消費者を保護する観点から制定されたのである。

②業界団体の設立

　訪販法制定当時、全体の条文は24条程度で、そのうち通販に関する定義を除くと、条文はたった2条あるのみだった。その後も通販業界は拡大していったが、ようやく昭和58年10月、通商産業省（現：経済産業省）の許可を得て**社団法人日本通信販売協会**（略称：JADMA＝ジャドマ、現：公益社団法人）が設立され、正会員である通販会社92社、賛助会員101社でスタートした。設立の目的は、第一に消費者からの信頼を得るため消費者保護の徹底と事業者の健全な発展のための活動である。したがってJADMAは、まず業界の自主規制として通信販売倫理綱領・同実施基準を制定、その後協会会員のシンボルであるJADMAマークを制定し、正会員企業は通販広告にマークを表示することによって協会会員であることを表示するものとした。また設立の翌年には、消費者からの苦情相談を受け付ける窓口として、「通販110番」を設置し、消

費者からあるいは各地自治体の消費生活センター等からも受け付けることになった。当初は職員一同で受け付けていたが、JADMA の認知度が高まるにつれ相談件数も増えてきたため、1988 年（昭和 63 年）からは消費生活アドバイザー、消費生活コンサルタントという専門家が対応することになった（現在は消費生活アドバイザー）。また、この年には当時の訪販法の大改正があり、JADMA は同法に基づく自主規制団体として法的に位置づけられた。同時に会員に関する消費者トラブルの解決と会員への周知が義務付けられた。

　こうした背景のもと JADMA はその後も、基本的には消費者保護と自主規制団体としての活動、事業者団体として通販業界の健全な発展のための活動を行っている。また、2012 年（平成 24 年）には社団法人、財団法人制度の明治以来の大改革[1] があり、法的位置づけのある JADMA は内閣総理大臣の認定を受け、公益社団法人に衣替えした。しかしながら、主な活動内容は従前となんら変わってはいない。

2. 特商法の規制内容

　さて、特商法はどのような法律なのか、以下、通販に関する規制の部分について説明していく。

①通信販売の定義（法第二条）

　まず通信販売の定義であるが、通販会社が商品やサービスを広告して（広告媒体は問わない）、消費者はそれを見て自ら判断し、通信手段（かつては電話、FAX、ハガキが主流、現在は電子メールなど）で申し込みを行い、通販会社はそれを受けて申し込みの承諾を行い、商品やサービスを販売提供するものとしている。広告の媒体や通信手段、商品やサービスの種類などは大きく変化しているが、基本的な考え方は変わっていない。同法では通販会社は広告を出してしまえば、注文を待つという受け身であり、消費者は広告を見て自ら判断し注文するということに着目して定義を規定している。

図表6-1　通信販売のしくみ

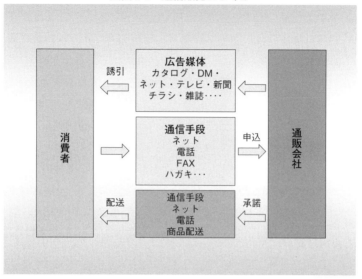

②通販広告の表示に関する規定（法第十一条）

　したがって、通販会社が提示する広告が非常に重要となる。例えば、メーカーなどが新商品を告知する一般の広告の場合と大きく異なる。一般の広告の場合は、消費者はその広告を見て、スーパーマーケットなどお店に行って、実際の商品を店頭で手に取ってみて確認し、購入の意思を決定しお金を支払い、契約を完結する。ところが、通販の場合は、実際の商品は手に取って見ることはできない。あくまで、広告を見て商品を確認し購入の申し込みを行う。そこで、通販広告には商品内容はもちろん、取引条件も表示することになる（図表6-1）。

　同法は定義の次に、第11条で通販広告において表示すべき事項を規定している。すなわち、価格、代金の支払い時期・方法、引き渡し時期、申し込みの撤回または契約の解除などである。2013年（平成25年）の改正によってこの申し込みの撤回、契約解除について何らの表示もないときは、8日以内であれば撤回または解除ができることになった。ただし、通販特有のいわゆる返品特

<u>約</u>であるが、返品交換についてはそれが可能かどうか、可能であっても返品できる期間、返品の送料は誰が負担するのかといった条件を明確に表示しておけば、その特約が優先されることになっている。

　いずれにしても、消費者が通販の広告を見て商品を購入する際に、必要な取引に関する情報をわかりやすく表示しなければならない。ただし、ここで注意すべきは、訪問販売などのように不意打ち的に業者が自宅にやってきて契約を迫られるものと異なり、消費者が自ら広告を見て判断し契約の申し込みを行うという通販の特性上、法的なクーリングオフ制度[2]の適用はないということである。

　また、同法は法律だけではなく、政令、省令、通達で細かな内容を決められているので、すべてを理解するためには本来はこれらも読み込まないといけない。これは変化が著しい経済関係の法律において、効率的に運用ができるようにするためである、法律は国会を通さないと成立、改正はできないがそれを待っていては新たな消費者トラブルに迅速に対応できないこともあるため、省令などによって運用しようというものである。前記の取引条件のほか、商品代金以外に消費者に負担させるとしたら、送料や梱包代などはその金額、社名、電話番号の表示はもちろんのこと、ネット通販においては事業責任者の氏名の表示も求められている。

③電話勧誘について（法第十六条）

　また、通販会社の中には、新規顧客獲得のためや既存顧客への販促のため電話でアプローチすることがあるが、この場合は、購入の意思を自ら持ち、かつ自ら購入の申し込みをする通販とは異なり、消費者にとっては受け身となる、したがって、同法においては、むしろ訪問販売と同様の位置づけとなる。すなわち、通販の場合は契約を申し込むのは消費者であるが、電話でのアプローチはその逆で通販会社が契約の申し込みを行っていることになる。したがって、電話勧誘として別途規定を設けている。第16条では、電話勧誘する場合には、まず社名、担当者名を告げ、何のために勧誘するのか目的を告げなければならないとしている。また訪問販売と同様に、電話勧誘で契約が設立した場合、契

約内容を明らかにした書面を交付しなければならない。さらに、消費者が電話を拒絶した場合、再勧誘は禁止されている。

　また、訪問販売と同様に法的なクーリング制度が導入されており、8日以内に消費者から契約の申し込み撤回や解除の請求があった場合はそれを受けなければならない。ここが通販とは大きく異なる点である。ただし既存顧客で、最近1年間で2回以上の取引があるものに対するアプローチはこの規制の適用除外となっている。

④誇大広告の禁止（法第十二条）

　景品表示法の規制に近いものとして、誇大広告は禁止されている。商品の品質、性能、効能、商標、取引条件などを事実と著しく異なる表示や実際のものより著しく優良、もしくは有利な表示をすることは禁止されている。この条文に違反すると15日以内に合理的根拠の提出を求められ、提出資料に根拠がないときあるいは15日以内に提出がないときは、罰則が適用される。

⑤ネット広告への規制（法第十四条一項2号）

　前述した取引条件の表示は、ネット広告であっても全く同様であり、むしろネット広告の場合は、カタログなどの活字媒体、電波媒体にはない規制が追加されている。その一つは、前述した事業の責任者の氏名を表示すること、広告を電子メールで送るときは会社の電子メールアドレスを表示することが求められている。また、注文する際の最終画面において、注文内容を確認訂正できる画面を用意すること、消費者が容易に認識できる画面設定をすることが規定されている。

　その他、ネットの進展により電子メールによって消費者に対してさまざまなアプローチを行うものが出てきて、特に迷惑メールが増大した。そのあおりを受ける形で特商法において迷惑メール規制が導入されている。すなわち、電子メールで消費者に広告を送る際にはあらかじめ同意を取っておく必要がある。同意を取らずに送ったり、配信を断ってきた消費者に再送信することは禁じられている。いわゆるオプトイン規制である。

　この規制に違反すると、行政処分のほか最高懲役2年の刑事罰まである。もっとも、ネット通販会社でメール配信について同意を取らず、また送信拒否された消費者にしつこくメール配信する会社はないと思う。現在の迷惑メールはそのほとんどが、アダルト情報系、違法なサラ金系、海外発信のものであり、この規定は有名無実化しているともいえる。実際は、フィルタリングソフトによって迷惑メールの振り分けが簡単にできることからあまり効果がある規制とはいえない状態ではないだろうか。

　そのほかネットオークションについては、個人間のものについては「売ります、買います」であり特商法の適用はない。しかし、個人であっても例えば毎月同じジャンルの商品を100点も出品するなどすれば、事業者とみなされ特商法の適用を受けることになる。これについては、経産省からすでにガイドライン[3]で考え方が示されている。

3. 関連する法規制

　ところで、通販事業を行う上ではこの特商法が極めて重要な法律だが、そのほかに景品表示法など広告関連の法律、取り扱う商品によってそれぞれ規制法があるので、関連する法律は意外と多い。そこで、その中でも特にかかわりの深い法律について触れておくこととする（図表6-2）。

①景品表示法

　不当景品類及び不当表示防止法（景表法）は、通販広告、販促方法に極めて密接な法律である。文字通りこの法律は、不当な景品、つまり過大な景品を付け他の競争事業者と比べ有利に立とうとしたり、不当に事実と異なる大げさな広告をして、商品の優良性を強調したり他の競争事業者より有利な条件で取引できるかのように表示することを禁じる法律である。同法はもともと独占禁止法の考え方に基づく法律であり、公正な競争の確保の観点から制定されたものであり、公正取引委員会（公取）の所管だった。しかし、2009年（平成21年）に消費者庁が設立されそこに移管されたため、競争政策の一環であったものが

図表 6-2　通信販売と関連する法律

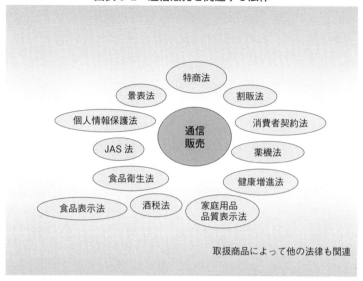

特商法

景表法

割販法

個人情報保護法

通信販売

消費者契約法

JAS 法

薬機法

食品衛生法

健康増進法

食品表示法

酒税法

家庭用品品質表示法

取扱商品によって他の法律も関連

現在は、消費者保護の観点から運用されることになった。

　通販は特に広告媒体によって注文を受ける事業であり、広告表示によって売り上げが左右され得る。したがって、つい誇大な表現になりがちだが、これを取り締まるのがこの景表法である。商品やサービスなど販売する商品の内容について事実と著しく異なる誇大な表示をすると同法違反となる。すなわち、実際のものより著しく優良で、事実に相違して他の事業者のものより著しく優良とする表示は「優良誤認」となり不当表示とされる。また、そのような表示の場合、特商法と同様に 15 日以内に合理的根拠の提出を求められ、提出した資料が合理的根拠のないものであった場合や提出がなかった場合は、不当表示とされる。

　また、実際の取引条件より著しく有利と誤認される表示、他の事業者より著しく有利と誤認される表示は「有利誤認」とされ不当表示となる。このような消費者に誤認される表示をした場合は、消費者庁、そして地方自治体から表示の改善を求められ、その程度がひどい場合は、措置命令という行政処分に処せ

られる。また、2017 年（平成 29 年）4 月からは当該商品の売り上げの 3% の課徴金が課せられることになった。このように厳しい措置が取られることになった背景には、2011 年（平成 23 年）の食品メニュー偽装問題も大きく影響している。当時一流ホテルなどにおいて、国産高級和牛ステーキなどと表示していたが、実際には外国産だったなどの不当表示が相次ぎ、マスコミを賑わした。通販業界においてもたびたび景表法違反で措置命令が出されるなどしたため、ついに独占禁止法に倣って課徴金制度が導入された。課徴金制度の導入前において、通販業界では、「超音波でネズミやゴキブリを撃退するという機器」が、実際には撃退効果のないものだったというものや、ダイエット食品では、「運動や食事制限をしなくても、当該ダイエット食品を飲むだけで数十キロ痩せる」などとしたが、実際には合理的科学的根拠のないものだったという、「優良誤認」による不当表示のケースがあった。

　しかし、措置命令が出された場合でも、消費者の誤認を解き、返品を受け返金するなどの措置を講じた場合は、課徴金を一部免除されたり、広告表示にあたって一定程度の注意を怠っていなかったなどの場合は課徴金を課せられない場合もある。課徴金制度の導入、それ以前に広告表示に関する社内体制の整備も義務付けられた。したがって、今後は広告によって商品を選択してもらい、注文まで受け付けるという契約形態の通販業界は、より一層広告表示には注意していかねばならない。

　特に、健康食品、化粧品、美容健康機器など商品の性能、効能を表示する傾向が強い商品群を扱う通販会社は広告の管理体制、チェック体制の整備が必須であろう。

②健康増進法、食品表示法

　健康増進法でも、誇大広告は禁止されている。食品として販売するもので健康の保持増進効果などについて、著しく事実に相違する表示しまたは著しく人を誤認されるような表示は禁止されている。したがって、一般の食品や健康食品などの場合はとくに同法への目配りも重要である。特定保健用食品、栄養機能食品、機能性表示食品など一定の保健機能を表示できる食品であっても要注

意である。

③機能性表示食品制度

　2015年（平成27年）4月より機能性表示食品制度がスタートした。従来は、健康食品の機能性は一切表示できなかったが、規制改革の一環として2013年（平成25年）6月、安倍首相が「健康食品の機能性表示を解禁する、中小企業にも使いやすい制度にして、世界最先端の制度とする」と宣言し、スタートしたものである。企業の責任において、健康食品の機能性について科学的エビデンスを確認して、消費者庁に届け出し（届け出後公開）販売するというものである。従来からある特定保健用食品（トクホ）に比べると、人による臨床試験だけでなく、査読付き論文の検索により有効性が認められた成分について機能性が表示できるという画期的制度である。今までは、何に有効かという表示ができなかったが、同制度では一定の機能性を明確に表示することができるため、消費者にとっても健康食品が選択しやすくなるメリットが大きい。一方、企業にとっても莫大なコストと時間がかかっていたトクホに比べ、機能性表示が比較的低コストで行うことができることからメリットが大きい。しかも、科学的エビデンスも含めて届け出られた機能性表示食品のデータは、すべて公開が原則であり、極めて透明性の高い制度となっている。

　スタート3年目ですでに1,000を超える届け出がなされており、20年で実質300程度の製品しか売られていないトクホに比べると浸透率は高い。また、同制度は健康食品だけでなく、生鮮食品、加工食品にも適用されており今後の通販市場の拡大を大いに期待したい。

④薬機法

　医薬品、医療機器等の品質、有効性及び安全性の確保等に関する法律（旧薬事法＝薬機法）では、通販に関していうと化粧品、医薬部外品、医療機器等が主な取扱商品となるが、最近では医薬品（2類、3類）の取り扱いもある。もちろん、医薬品は販売免許が必要であるし、医療機器は販売の届け出が必要である。また、化粧品に関しては、公正競争規約もあり、広告表現に関しては化粧

品業界のガイドラインがありそれに従うことが必要である。同法においても誇大広告の禁止規定があることも注意しなければならない。

⑤個人情報保護法

2013年（平成15年）に制定された**個人情報保護法**は、通信販売にも密接な関係のある法律である。通販においても個人情報の利用目的の特定、利用目的による制限、すなわち利用目的の達成の範囲を超えて個人情報を取り扱ってはならないこと。利用目的の通知、公表が必要、適正な取得、データの正確性の確保、第三者への提供の制限、安全管理、従業員の監督、委託先の監督などが求められる。通販業界においては過去に大量の個人情報が委託先から流出するなどの事故が一度ならずあった。このため、外部からのサイバー攻撃や、ウィルス攻撃に対する備えも重要だが、内部からの流出にも目配りしなくてはならない。最近では、コンピューターシステムを乗っ取って身代金要求までしてくるランサムウェアが出現している。こうした外部からの攻撃によって個人情報が流出しないように、万全の対応をしておく必要がある。

以上のように通販を直接的に規制している法律は特商法であるが、さまざまな法律が関わってくるので、それらについてもしっかり押さえておく必要がある。もちろん取扱商品によってはさらにそれぞれ規制があるのでそれらについても目配りが必要である。

4. 消費者の権利保護と今後の規制のあり方

①消費者の権利について

消費者の権利保護については、言わずもがなではあるが1962年のケネディ大統領によって提唱された四つの権利が有名である。安全を求める権利、知らされる権利、選ぶ権利、意見を聞いてもらう権利の四つである。インターネット全盛の時代であってもこの基本理念は変わらない。通販会社もこの理念のもと消費者にとってより安全で、よりよい商品、サービスを提供し、情報を公開し、より広く消費者の意見を聞くことは何より大切なことであろう。一方で、

消費者団体からは消費者は弱者で事業者は強者であるといわれることがあるが、インターネット時代になって未だにそうした関係がそのまま続いているのだろうか。

　筆者は必ずしもそうではないと考える。確かに高齢化が進んでおり保護すべき弱者が皆無とはいわない、どうしても保護が必要な層が一定数いることも事実であろう。しかしながら、ネット時代の消費者は弱者であると決めつけることには違和感を感ぜざるを得ない。実態として事業者からは、消費者からのクレームが悪質化しているとの声も少なからずある。そうしたいわゆるクレーマー達はネットを利用して企業を威迫困惑させて何らかの利益を得ようとするケースもある。もちろん、悪質な業者がいないわけではない。国民生活センターの統計によれば、通販に関する苦情相談が30万件以上あるのだそうだ。しかし、そのデータはあくまで消費者からの申告ベースでとらえられており、中にはアダルト情報サイトや出会い系サイト、通信サービス、金融など通信手段で契約したものとして「通信販売」のトラブルとしてカウントされたものが圧倒的に多いはずである。そうした面を無視して、こうした数字のみで「通信販売」のトラブルが急増し、悪質業者が横行しているというのは誤解を生むのではないかと危惧する。

　そうはいっても、インターネットは現代においてはすべての事業者、消費者にとってなくてはならない身近なもので極めて便利な手段である。しかし便利なものは、悪質業者、悪質な消費者にとっても便利なものである。したがって、消費者は悪質な業者かどうか、しっかりと見極め賢く選択し、「選ぶ権利」を行使しなくてはならない。通販の場合、先にも触れたが、あくまで選んで注文をするのは消費者であり、通販会社はその注文を待ち受ける立場である。もちろん、その前提として広告に嘘があっては、消費者の選択を誤らせることになるので、法律できちんと規制があるのである。

　特商法にしても、現在議論が続いている一般法としての消費者契約法改正の検討においても、何かあらたな悪質商法が横行するたびに、規制強化が取り沙汰される。例えば、特商法は前記の通り制定当初は24条程度だったものが、

現在は76条に建て増しされている。それにもかかわらず、なぜ消費者トラブルは減らないのか。なぜ悪質商法はなくならないのか。普通の事業者は法律を遵守することは当然であり実行する、しかしながら、悪質業者ははじめから法律を遵守することはない、つまり悪質商法を規制するために法改正を重ねるが、消費者トラブルが一向に減らないのは、改正法を遵守するのは普通の会社だけだからである。悪質業者にとってみれば法律がどう変わろうと無関係なのである。

②消費者基本法と通販業界の取り組み

　ゆえに、消費者は**消費者基本法**にもあるように、トラブルに合わないためには生活するうえでの知識の習得を欠かさないことが重要であり、悪質業者には近寄らないということである。結局のところ、消費者保護は悪質業者の規制というより、消費者教育に尽きるものと考える。同法は、1968年に制定された消費者保護基本法が2004年に改正され、名称も消費者基本法となったものである。消費者と事業者との間にある情報力、交渉力の格差を踏まえ、消費者の利益を擁護、増進するために国などの行政と事業者の責務を明らかにしている。また、消費者に対する施策の基本事項を定め、消費者政策の推進を図り国民の消費生活の安定と向上を確保することが目的となっている。同法では、消費者の権利として、①基本的な需要が満たされる権利、②健全な生活環境が確保される権利、③安全の確保、④選択の機会が確保される権利、⑤必要な情報が提供される権利、⑥教育の機会が提供される権利、⑦意見が政策に反映される権利、⑧適切・迅速に救済される権利が定められている。一方で、消費者は必要な知識を修得し、必要な情報を収集する等、自主的かつ合理的に行動するよう努めなければならないとされている。

　他方、事業者は①消費者の安全、取引の公正を確保すること、②消費者に対し必要な情報を明確かつ平易に提供すること、③消費者の知識、経験、財産の状況等に配慮すること、④苦情を適切かつ迅速に処理するための体制整備に努め、適切に処理することなどが定められている。また、事業者団体は事業者の自主的取り組みを尊重しつつ、①苦情処理体制の整備、②事業者が遵守すべき

基準の作成の支援、③消費者の信頼を確保するための自主的活動を求められている。

　ところで、最近、通信販売において多いトラブルは、やはりネット通販に関するものである。特に注意したいのは、「代金前払いで注文したが、いつまでたっても商品が届かない」、「メールで問い合わせしたが、返信が来ない、電話したら違う会社の電話だった」などや、「商品は届いたが、偽物のようだ」、「商品がボロボロで、壊れて届いた」など、詐欺的サイトの相談である。ネット通販の場合、今まで取引したことのない会社に対しては前払いすることは慎重にすべきである。2013年をピークに減少傾向にあったが、2016年はまた増加傾向となっている。そのため、JADMAでは消費者向けパンフレットを作成し、詐欺的サイトの注意点について、全国の消費生活センターなどを通じて広報している。

　また、JADMAでは、設立の翌年1984年2月に通信販売倫理綱領（実施基準で具体的項目を規定）を制定、その後、電子商取引のガイドライン、テレビショッピングに関するガイドライン、個人情報保護ガイドライン、サプリメントの取扱いに関するガイドライン、製品事故への対応に関するガイドラインなど各種ガイドラインを制定し、自主規制の強化と事業者が自主規程を作る際の参考に資するよう公開している。

　さらに、前述のとおり1984年5月には、通販110番を設置し、協会としても直接消費者からの相談を受けることになった。1988年、特商法（当時：訪問販売法）が大改正された時に、協会が法的に位置づけられたこともあり、消費生活アドバイザーなど一定の資格を有する者を専門相談員として配置し今日に至っている。相談のピークは2013年で、全体で9,254件だったが、これは詐欺的サイトの相談が3,800件もあったためである。2016年では6,097件と相談数は減少傾向にあるが、ここにきて詐欺的サイトが再び増加傾向にある。これら、相談の状況については年次の報告書にまとめ、全国の消費生活センターなど関係行政機関にも配布している。

　今後の流通は、今まで以上に加速度的に変化するだろう。インターネットも

含めテクノロジーはさらに進化を遂げ、企業のあり方、消費者のあり方も大きく変わる。たとえば、通販の広告媒体ひとつとっても、活字からネットへ、しかもそれが PC からモバイル端末へ変わってきた。注文の仕方も電話やハガキ、FAX から、PC による電子メール、あるいはモバイル端末に変わった。代金決済方法も、郵送による前払いや郵便振り込み、コンビニ振り込みなどの後払いから、クレジットカードやプリペイドカード、スマホ決済へと大きく変わっている。広告に関してもネットにおいて PC 画面からモバイル端末画面へとシフトしつつある。当然ながら、消費者の情報の見方、情報収集のあり方が大きく変わってきている。

　一方で、事業者の方も情報発信の方法を大きく変えてきている。現在では、通販専業どころか、店舗事業者であろうが、地方の地場産品の販売業者であろうが、さらにはメーカーであろうが、ネットを利用した通販にますます参入してきている。これらの新規参入業者は通販と店舗の特徴を生かした新たな戦略を見つけていくだろう。こうした中にあって、従来の広告規制のままでよいのだろうか。悪質商法が出るたびに規制を強化することは、新たなビジネスモデルの構築に支障をきたさないかと懸念される。実際、モバイルを利用して通販購入する若い世代は、まずは商品ありきであり、せいぜい価格を確認する程度でどんどん購入している。取引条件などは後回しだ。後で確認するときにどこかに表示があればよいのである。もちろん、クチコミなどでしっかりその商品や販売会社の評判をチェックしている。

　今後は、通販広告のあり方、見せ方についても既成概念ではなく、全く新たな視点での検討がなされるべきではないだろうか。国内取引だけでなく、今後ますます加速するであろう越境取引についても、通販に関する規制、商材に関する規制、関税の問題など国際的な調整が必要になってくるだろう。

（1）従来の民法による公益法人制度は、法人設立の主務官庁制・許可制の下で、法人の設立と公益性の判断が一体となっていたが、「民による公益の増進」を目的として、主務官庁制・許可主義を廃止し、法人設立と公益性の判断を分離することになった。そのうえで、公益法人は公益事業を行う法人のみ公益を名乗れるという、本来あるべき姿

にしようという趣旨の制度改革である。

（2）訪問販売などは、消費者が契約の意思などない状態にあるところへ、突然訪問販売員が訪れ、商品やサービスの契約を勧誘するもので、巧みな話術などによって本来は契約の意思がなかったが説得され、ついつい契約をしてしまうことが多い。そこで、8 日間の冷却期間を設けて冷静に判断する機会を消費者に与え、契約の申し込みや契約そのものを撤回できる制度とした。一方、通販の場合は、消費者が広告を見て、自らの購入意思を自主的に決定し、かつ契約の申し込みを自らの意思で行うものであるから、いわゆるクーリングオフの制度にはなじまないとされている。

（3）基本的には、営利の意思を持って反復継続して販売を行う場合は法人、個人を問わず事業者に該当し、特定商取引法の規制対象となる。たとえば、過去 1 カ月に 200 点以上または一時点において 100 点以上の使用品を新規出品している場合や落札額が過去 1 カ月に 100 万円以上である場合は事業者に該当するなどとしている。その他、自動車、二輪車など高額な商品は 3 点以上などと、商品ジャンルによって事業者と判断する目安が示されている。

〈参考文献〉

北川善太郎・及川昭伍編（1977）『消費者保護法の基礎』青林書院新社。

公益法人協会編（2012）『公益法人制度改革関係法令集』第 3 版。

国会議事録『第 77 回国会・商工委員会』。
　　（http://kokkai.ndl.go.jp/SENTAKU/syugiin/077/0260/07705180260012a.html：最終アクセス 2017 年 11 月 20 日）

消費者庁取引対策課、経済産業省商務流通保安グループ消費経済企画室編（2014）「特定商取引に関する法律の解説」『商事法務』平成 24 年版。

消費者庁ホームページ「特定商取引法ガイド」（http://www.no-trouble.go.jp/：最終アクセス 2017 年 11 月 20 日）、同『消費者基本計画等』。
　　（http://www.caa.go.jp/policies/policy/consumer_policy/basic_plan/index.html#basic_consumer_act：最終アクセス 2017 年 11 月 20 日）

全国公正取引協議会連合会編（2010）『景品表示法関係法令集』平成 22 年版、新日本法規出版。

日本化粧品工業連合会編（2017）『化粧品等の適正広告ガイドライン』2017 年版。

日本通信販売協会（1990）『通販業界の軌跡』。

日本通信販売協会（2013）「『通販 110 番』報告書」2013 年度。

―――（2016）「『通販 110 番』報告書」2016 年度。

日本通信販売協会サプリメント部会編（2015）『機能性表示食品 GUIDE BOOK』2015 年版。

三越百貨店（1991）『三越カタログ（大正 13 年発行）平成 3 年復刻版』。

第7章

生活者に価値を提供する通信販売業

7-1. メーカー系通販の挑戦：ライオン株式会社通販事業部

乗竹　史智

1. 通販活用の背景

　ライオン株式会社は、1891 年に創業した歯磨や、歯ブラシ、洗剤、OTC 医薬品等を製造、販売するメーカーである。通販専売品を販売する「LION ウェルネスダイレクト」を 2007 年に立ち上げ、現在、健康食品と育毛剤などの通販専売品を中心に販売している。

　当社の通販立ち上げ直前の事業ドメインは、主に、歯磨や洗剤などの「トイレタリー分野」と、解熱鎮痛剤や目薬などの「一般用医薬品分野」であった。これは、生活者の清潔、健康、快適を守るため、「生活者の良い習慣」を実現する製品やサービスを提供するというビジョンに基づくものである。この「生活者の良い習慣」を実現するための新たな製品領域として「健康食品分野」への進出を考えた。そして、この新規事業を実現するビジネスモデルとして、通販を採用したのが、「LION ウェルネスダイレクト」の発端である。

　メーカーで製造された製品は、言うまでも無く、生活者に届いて消費される。メーカーと生活者の関係を図表 7-1 に示した。この図の上部は、製品が、卸店などの中間流通企業を経て、小売店に配荷され、その店頭で生活者に販売されるという通常の B to B to C ビジネスモデルである。このビジネスモデルは、メーカーが製品を企画、製造することに一定の経営資源を集中できるのと同時に、流通企業の力を借

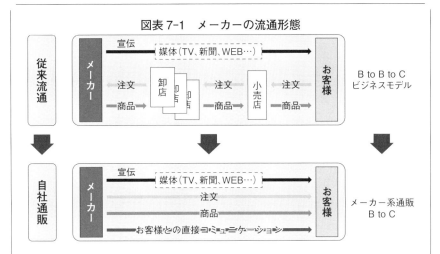

図表 7-1　メーカーの流通形態

りながら製品を広く生活者に届けることができる優れたビジネスモデルである。このモデルは、今後も重要なバリューチェーン形成要素となりえるものと考える。

　しかし、このB to B to Cビジネスモデルでは、当社と生活者の間に直接的な接触はなく、一人ひとりの顧客にコミュニケーションしていくことは難しい。それは、機能や特徴の十分な説明が必要な製品、例えば、健康食品や基礎化粧品等が該当する。また、生活者が購入する際には、商品が店頭に並んでいることが必須要件となるが、販売状況によっては、メーカーの意思とは別に、これを継続して実現することが難しいことも多々ある。

　ここで、図表7-1の下部にあるような自社通販は、この問題への一つの解決策となる。この自社通販では、one-to-oneマーケティングが可能となる。このことにより、自社製品の価値を伝え、それを必要とする生活者に、長く使っていただくためのコミュニケーションができる。

　このように、従来、B to B to C ビジネスモデルを中心に事業展開してきたメーカーが、自らの製品を、顧客との直接的な関係性を活かして通信販売することを、本章では「メーカー系通販」と呼ぶ。

　当社が、健康食品分野への参入にあたって、自社通販を選択した理由は、健康食品が「説明型」商品であり、かつ、顧客とのコミュニケーションを用いて継続利用を促進しようと考えたからである。この際、既に「メーカー系通販」の成功事例が存在していたことや、EC の成長が通販全体の売上拡大を牽引していたことも、このビジネスモデルを採用する後押しとなった。

　なお、メーカーの製品を販売する通販には、「メーカー系通販」以外の形態も存在する。これは、EC プラットフォームや、TV ショッピング、カタログ通販などで、これらを運営する事業者がメーカーの製品を仕入れて販売する場合である。この際、メーカーの主たる活動対象は生活者ではなく、商品の卸し先である流通企業となる。これは図表 7-1 の上部と同様の B to B to C ビジネスモデルであり、当社が通販を採用した意図とは異なるものとなる。

2.　メーカー系通販のビジネスモデル

　ライオン株式会社が健康食品事業の立ち上げに際してメーカー系通販を選択した狙いを、もう少し具体的に記すと、「通販の特徴である顧客との強い関係性を活用し、自社の強みをもとにしたコミュニケーションを通して、収益を拡大していく」ことにある。そして、そのコミュニケーションに活用する自社の強みとして、自社が保有する研究開発力を置いた。

　ここで、この強みを維持していくには、製品の研究開発に一定以上のスタミナが掛かることから、結果として、大量の商品（種類）を開

発して販売していくことは困難になるという問題が生じる。このこと
もあって、当社だけでなく、メーカー系通販の商品数は、ロングテー
ル販売を標榜し、膨大な商品数を扱う EC プラットフォームに比べる
と、圧倒的に少ない。

　少ない商品数で収益を拡大するには、その商品を買う人を増やす
か、何回も買っていただくことが必要となる。また、ビジネスの収益
を考える以前に、健康食品は短期間の摂取で効果を表すものではな
く、継続して利用いただくことで健康をサポートできる商品である。
そこで、「単品通販」というビジネスモデルを採用することで、これ
を実現しようとした。このビジネスモデルは、「顧客獲得」と、「リ
ピート購入促進」という二つのマーケティングフェーズを持ち、か
つ、後者のリピート購入促進では「定期お届けコース」という販売形
態を採用しているのが特徴である[1]。

　顧客獲得フェーズでは、広告投下を行い、生活者の問い合せや初回
注文というレスポンスを得て、この生活者を顧客として登録する。こ
こで、広告にかなりの費用を要することから、この費用を、初回の一
回だけの受注では回収できないのが普通である。そこで、この顧客の
リピート購入を促進し、このリピート購入によって、利益を確保す
る。このリピート購入を促進するために「定期お届けコース」への誘
引を行う。「定期お届けコース」は、定期的（通常、毎月）に、同一の
商品をお届けする販売手法である。顧客にとっては、最初に申し込む
だけで、次回以降の再購入の際には一切の手続きを必要としないとい
う利便性がある。一方、事業者にとっては、いったん、「定期お届け
コース」の受注を得ると、以降、広告投資をしなくとも、毎月、毎
月、売上があがるという利点がある。この「定期お届けコース」の顧
客数は、単品通販ビジネスモデルの収益に直結するため、非常に重要
な KPI となる。以下、「通販専売品と情報価値の開発」、さらに、「顧

客獲得」および「リピート購入促進」という二つのマーケティング
フェーズについて当社の事例を記す。

3.　通販専売品と情報の開発

　まず、通販を用いた健康食品事業のビジョンとして、「人間が元々
持っている機能に対して身体の中からサポートすることで、健康を基
盤としたビューティフルエイジング（活き活きと活動。健康寿命の延
伸）を実現し、人と社会の快適に貢献する。」と置いた。そして、こ
の事業ビジョンのもと、生活習慣病を予防すること、生活の質を高め
ることの二つを製品展開の基軸と置いた。この中で、生活習慣病の予
防を狙って「ナイスリムエッセンス　ラクトフェリン」を開発した
（図表7-2）。この商品は、「LION ウェルネスダイレクト」の 2007 年
春の立ち上げ時に導入されたメイン商材である。2015 年 6 月以降は、
機能性表示食品として、「内臓脂肪を減らすのを助け、高めの BMI の
改善に役立ちます。」と表示して販売している。なお、この商品に含
まれる『ラクトフェリン』という物質は、乳由来の食品機能性成分で
ある。

図表7-2　「ナイスリムエッセンス　ラクトフェリン」

　話しを開発時点に戻す。過去、当社研究員がラクトフェリンの研究に携わっていたことがあった。また、当社の主たる事業分野であるオーラルケアの研究において、実際にラクトフェリンを取り扱っていた。そして、その研究過程で、偶然にもラクトフェリンが内臓脂肪を低減する可能性を見出していた。これらのことが、この製品開発の起点であった。これと同時に、ダイエット（単純な痩身が目的の市場ではあったが）関連の健康食品市場が大きかったことも発売に向けての一つのポイントであった。一方、開発期間中に想定したネガティブ要素として、「内臓脂肪」という言葉の認知率が低いことがあった。しかし、発売予定期日であった2007年春には、腹囲を測定する特定健康診査（いわゆるメタボ健診）が始まることが決まっており、このタイミングでメタボ関連市場が拡大する、すなわちビジネスチャンスが存在すると想定して開発を進めた。さらに、機能と差別性を確保するため、「錠剤が、胃では溶けずに、腸まで届いて溶ける"腸溶コーティング技術"」を採用した。

　いずれにしても、これらの事柄と、関連した情報から、一定のコミュニケーションが可能と考えていた。しかし、通販を実際に始動すると、いったん獲得した顧客には、種々のコミュニケーションで、リピートを促進し、また、離反を防いでいく重要性が増していった。この過程で、顧客に提供する情報の量と質を、もっと拡充する必要があると認識せざるを得なくなった。つまり、このコミュニケーションに利用する情報のネタ切れに加え、商品への信頼度を上げるための情報拡充が必要と考えたのである。そこで、内臓脂肪低減のエビデンスやメカニズム等に関して、継続して研究を進めることとなった。

　このように、販売を開始したあとに継続して研究を深掘りしていく手法は、従来の研究投資スタイルとは、やや異なるものである。図表7-1上部の通常のB to B to Cビジネスモデルでは、発売と同時に、

広告や販促施策を投入することで、店頭への配荷と、売上の立ち上げを実現する。この売上の立ち上がりが鈍いと、店頭配荷が困難となり、その後の復活は容易ではない。つまり、発売時点での情報の量と質が重要である。しかし、通販の場合は、最初はスモールスタートし、手探りで顧客獲得やリピート促進を行いながら、その状況に合わせて逐次情報拡充を進め、これをもって売上拡大を加速することもできたのである。

　このように、われわれは研究力を強みと捉え、これをもとにした独自の情報拡充を志向してきた。なお、同様に、製品の製造を行う企業の通販であっても、顧客とのコミュニケーションに活用する情報が、研究起点ではない場合もある。具体的には、原料の調達や、製品の製法、あるいは品質へのこだわりなどである。これは、各企業がバリューチェーン上のどこに競争力を求めるかという戦略に依存するものと考える。

4.　顧客獲得フェーズ

　顧客を獲得＝誘引するためには、広告を打つ。B to B to C ビジネスモデルであろうと、単品通販であろうと、利用する広告媒体は、ほぼ同じである。ただし、B to B to C での顧客の購入場所は、通常は、広告と接したところとは別の店頭である。このため、顧客が広告媒体に接した際に興味を憶え、その結果、記憶に留め、これを基に店頭で購入していただくことが、広告の必須要素となる。一方、通販では、広告媒体に接したときに、即時、レスポンスして購入いただくことを狙っている。つまり、無店舗販売であるが故に、広告に接した際に記憶を残すのではなく、欲しいと思ったその場で、広告を出した企業が示した連絡先に対してアクションしていただく。ここでアクションと

は、電話を掛けることや、ネットでクリックする、はがきを書く、FAX を送るという行動である。このようにアクションに直接結びつけることを狙っている通販広告は、ダイレクトレスポンス広告とも言われる。

　メーカー系通販の場合、通常、一つの広告に記載する商品は、一つである。これは、もともと商品数が少ない単品通販であることに加えて、少ない媒体面積の中で、より効果的に商品の特徴を説明して顧客レスポンスを得ることを狙っているからである。

　「ナイスリムエッセンス　ラクトフェリン」の発売時点では、機能性表示食品制度はなく、また、本品は特定保健用食品でもなかった。このため、「いわゆる健康食品」として、商品の機能を広告では表示することができなかった。しかし、広告クリエイティブに各種の工夫をしながら出稿を拡大していった。広告クリエイティブは、徹底したPDCA サイクルをまわすことによってブラッシュアップしていった。具体的には、ターゲット顧客との接触が期待できる媒体を選定したのち、複数のクリエイティブを投下してその顧客獲得効率の良否を判断し、獲得効率の良いものの出稿を拡大していった。つまり、媒体とクリエイティブを切り口に獲得効率を分析している。あまりにも獲得効率の悪い場合は、媒体もしくはクリエイティブの抜本的な変更が必要となる。

　この獲得効率を表す KPI として、CPR（Cost Per Response ＝〔媒体費〕/〔獲得人数〕）を用いた。この CPR が低ければ低いほど、同じ広告媒体費を掛けても、より多くの顧客が獲得できる、すなわち、効率の良い顧客獲得ができる。なお、この獲得人数の把握のためには、どの広告媒体を見てレスポンスした顧客かを特定する必要がある。このため、新聞紙面や折込みチラシでは、広告内に「申込番号」を記載し、受注（電話）時に、これを聴取している。また、インターネットでの

受注時には、どこの広告を経由してきた顧客かシステム的に記録している。

　広告媒体として、事業開始時には、通販立ち上げの常套手段でもある新聞の折込みチラシを用いた。しかし、売上拡大を加速したのは、インターネット広告や、CS局を中心としたTVインフォマーシャルであった。この理由は、PDCAサイクルをまわす速度や、媒体の特性、商品のターゲット属性が相互に関連した結果と考えている。

　折込みチラシは、配布したのち、そのCPRを解析して、次の一手を打つまでに、時間が掛かる。これは、折込チラシのレスポンスが、新聞に折り込んだ日だけでなく、何日も続くことや、情報量が多い媒体であるが故に制作時間を要すること、さらに、印刷にも時間が掛かるためである。この点、インターネット広告は、次の一手を打つまでに掛かる時間が短く、広告投下のPDCAを高速化するのに有利であった。一方、CS局を中心としたTVインフォマーシャルは、このPDCA速度という点では、折込みチラシよりもクリエイティブ制作に時間が掛かるため劣る。しかし、「ナイスリムエッセンス　ラクトフェリン」の場合は、CPRが低い状態で継続して顧客獲得ができていた。これは、事前に、当社が地上波で持っていた「生コマーシャル枠」で、レスポンスの良いクリエイティブの方向性を確認した上でクリエイティブを制作したことや、一言でCS放送と言っても複数の放送局があり、この中で横展開できたことが主な理由と考えている。

　事業開始以前の調査では、健康食品の通販において、「インターネットで獲得できる顧客は少ない」という情報を得ていた。しかし、「ナイスリムエッセンス　ラクトフェリン」については、インターネット広告で獲得効率は良好であった。このため、インターネット広告からの顧客獲得を積極的に進めた。これはターゲット顧客の年齢に関係しているものと考えている。通常の健康食品のターゲットが50

代以上であるのに対して、「ナイスリムエッセンス　ラクトフェリン」のターゲット顧客は 10 歳程度若い 40 代以上であり、差分の 40 代の動きがキーであったと想定している。極論すれば、当時、50 代は EC を活用していなかったのに対し、その下の 40 代は、EC を利用していたというのが理由である。このことは、商品ごとに有効に活用できる媒体が異なることも示唆している。

　現在、インターネット広告では、アドテクノロジーと言われる技術が日進月歩で開発されている。しかし、2007 年当時は、単純なバナー広告や、メール広告、そして、リスティング広告が主流であった。その後数年で、行動ターゲティングや、リターゲティング、さらにアドネットワーク広告などのアドテクノロジーが出現してきた。これらの新しい技術をいち早く活用したことも、われわれのインターネット上での顧客獲得を効率化し、加速したものと考えている。

　顧客獲得フェーズは、広告出稿して顧客登録できるまでの活動である。この間、広告そのもののクリエイティブに加えて、広告に接触して、電話を掛けることや、ネットでクリックして注文する機会を通して、顧客とのコミュニケーションを進める。ここでは、上記のように研究開発の過程で得た情報提供を多用した。

5.　リピート購入促進フェーズ

　先に述べたように、単品通販では「定期お届けコース」という販売手法で、リピート購入を増大させ、事業規模を拡大していく。「定期お届けコース」に申し込んでいただくことを「引上げ」と呼び、このKPI として引上率（＝〔定期お届けコース申込者数〕/〔新規獲得数〕）を用いた。また、「定期お届けコース」を止めてしまう方を抑制することも重要であり、このKPI として、離脱率（＝〔離脱数〕/〔定期お届け

コース稼動数〕）を用いた。

　引上げを促進したり、離脱を抑制したりするために、DM や、メール、電話といったツールを用いた。そして、ここでのクリエイティブや記事も、研究起点のものを多用した。具体的には、「ナイスリムエッセンス　ラクトフェリン」の継続した研究活動に携わった研究員によるわかりやすい解説や、研究成果を学会発表したこと、学会等で賞を頂いたことなど、あらゆる情報を活用した。また、このような情報に加えて、関連する健康関連情報や料理レシピなどを記事にした情報誌も発行して、商品の配送時に同梱してお届けした。

　このようなクリエイティブ以外にも、引上率に影響を与えた因子がある。それは、獲得時に顧客が見た広告媒体と、その広告でのオファー、そして、引上げを目的として顧客と接触するタイミングの三つである。

　獲得時の広告媒体とオファーが違うと、その後の顧客行動は変わってくる。例えば、インターネットの広告から獲得した顧客は、引上率が低かった。その反対に、新聞や折込みチラシで獲得した顧客は、引上率が高かった。これは、初回購入に至るまでに接する情報量が、新聞や折込みチラシの方が多いことが理由の一つと考えている。また、離脱率は、インターネットからの顧客は低く、新聞や折込みチラシでは高くなった。オファーとは、広告で値引きや景品を提示することだが、より手厚いオファーを行って獲得した顧客は、引上率が低くなる傾向があった。これらのことから、獲得時の広告に連動させたリピート促進施策が必要と考えている。

　引上げのための顧客との接触タイミングとしては、当初は、初回に購入いただいた商品を飲み終わる頃を見計らって行っていた。これは次に買いたくなる時期での購入の後押しを狙ったものであった。しかし、現在は、初回購入時の高い購入モチベーションを捉えて、初回に

引上げる施策を強化しており、この方が最終的な引上率も高くなっている。この初回受注時の引上げは、電話ではオペレーターの会話の中で、インターネットでは購入時のページ遷移の過程で行っている。

このような引上げのための各種施策も、広告と同様に、使用するツールと、クリエイティブ（内容）に関してPDCAをまわしてブラッシュアップを継続している。その結果、事業開始時点に比べて、引上率は数倍改善している。

一方の離脱率を抑制する施策のひとつとして、当社の歯磨や、歯ブラシなどを無料で、つまりプレゼント品として、商品配送時に同梱することも行った。これは、コーポレートブランドも含めて、メーカー活動の資産を有効に活用できた例と考えている。なお、このような従来の事業分野の商品は、通販の既存顧客向けに販売も行っている。

6. 市場環境の変化と今後の展開

「ナイスリムエッセンス　ラクトフェリン」の販売開始から約10年が経過した。この間、健康食品の品数拡大とともに、「育毛剤」も発売した。これは、健康食品で獲得してきた「単品通販」のノウハウと、当社研究資産の一つである「育毛研究」を有効活用しようとしたものである。現在、全体の売上は約100億円となっている。

この10年で、通販や健康食品の広告表現が厳格化され、また、競合商品も増加するという市場環境変化が進んできた。その結果、インターネット広告において各種のアドテクノロジーが開発されてきたにもかかわらず、獲得効率は悪化する傾向が見えている。

この獲得効率の悪化は、最重要KPIである定期顧客数の拡大を鈍化させ、その結果、事業規模の拡大のみならず、利益率にも悪影響を及ぼす。しかも、この利益率への影響は、単に広告費用が嵩むという

ことだけでなく、定期顧客数が多い場合、すなわち事業規模が大きい
ほど、大きくなるという問題がある。例えば、分かりやすいように、
定期顧客数を維持する場合を考えてみる。定期顧客数が 1,000 人で
は、離脱率を 10％とすると毎月 100 人が離脱するので、これと同数
の定期引き上げを行えば定期顧客数は維持できる。ここで、新規顧客
からの引上率が 25％だとすれば、100 人を 25％で除して、毎月 400
人を獲得すれば定期顧客数は維持できる。しかし、定期顧客数が 100
倍の 10 万人となると、これを維持するための新規獲得数は、引上率
と離脱率が同じであれば 100 倍の毎月 4 万人となる。この数字は、ひ
とつの商品での獲得数としては、相当に大きく、獲得数の充足は困難
とも言える。獲得が困難な状況で、この獲得数を実現しようと広告出
稿すると、通常、獲得効率は悪化する。その結果、広告費用は、単純
に 100 倍では収まらないこととなる。つまり、獲得効率の悪化が、単
に事業成長を鈍化させるだけでなく、引上率や離脱率が変わらなけれ
ば、利益率を悪化させる可能性が高いことを示唆している。

　このような状況の中、健康食品のみの話しではあるが、2015 年 4
月に機能性表示食品制度が施行された。この制度では、機能性表示食
品として届け出ることで、届け出た範囲で、広告に機能を表示するこ
とができる。このことによって、生活者はより正確な情報をもとに、
商品を選択できるようになる。また、健康食品を販売する通販事業者
側から見ると、商品の訴求と差別性が伝達可能となり、顧客獲得効率
が改善する可能性がある。

　当社は、機能性表示食品制度に「ナイスリムエッセンス　ラクト
フェリン」を同制度施行と同時に届け出て、届出番号 A1 として受理
され、同年 6 月末に機能性表示食品へと改良を行った。その結果、意
図したとおり、顧客獲得効率の改善が見られた。そして、2017 年 7
月末までに、6 品を機能性表示食品として届け出ている。

　ここで、このような健康食品の表示に関わる制度と通販の関係を考えてみたい。通販は、one-to-one コミュニケーションで幅広い情報を提供できる販売チャネルであり、これは通販の長所ともいえる。一方、特定保健食品や機能性表示食品は、許可もしくは届け出た内容の範囲内でのみ、商品の機能や差別性を伝えることができるというものである。このことから、特定保健食品や機能性表示食品が、通販が持つ幅広い情報伝達という長所を、むしろ抑制する方向にはたらく可能性も否定できない。これを踏まえて、今後、幅広い訴求を念頭においた「いわゆる健康食品」と、機能を表示できる機能特化型の健康食品（特定保健用食品や機能性表示食品）のどちらを採るかが、企業や商品の戦略によっても異なってくるものと考える。例えば、当社の「ナイスリムエッセンス　ラクトフェリン」は機能特化型商品と考えており、それ故、機能性表示制度を活用した。また、事業立ち上げ期の企業ならば、顧客獲得を優先するため、獲得効率を重視して機能特化型を採る可能性がある。ただし、機能性表示食品の届出数も既に千にのぼり、この制度を活用した差別化が困難になってきていることにも留意が必要である。

　これらの現状を克服していくには、リピート促進フェーズの KPI である引上率や離脱率を改善していくこと、つまり、CRM 強化が重要となってくる。上述の 10 万人の定期顧客数を持つケースでは、引上率を 25％ と仮定して、この定期顧客数を維持するのに毎月 4 万人の顧客獲得が必要と記した。ここで、仮に引上率が倍の 50％ まで改善できれば、必要な獲得数は半分の 2 万人で済むこととなる。また、離脱率を上記の 10％ から半分の 5％ に改善しても同様の結果となる。簡単に言えば、いったん獲得したお客様と太く永い関係を築いていくことが重要となることを示す。これが、今後のメーカー系通販が特に強化すべき領域になるものと考える。

〈参考文献〉

ダイレクト・マーケティング・グループ（2004）「失敗しない単品通販—はじ
　　めるなら成長業種だ！」ブイツーソリューション。

三村優美子・朴正洙（2015）「新市場開拓における通信販売の可能性—単品通
　　販に注目して—」『マーケティングジャーナル』日本マーケティング協
　　会、35巻1号、50〜65頁。

7-2. 生活者の思いに応える通販専業企業

1. ファンケル　不の解消を目指して
　　新しい商品、価格、売り方

宮島　和美

　「君のところの池森賢二がなぜ凄いか、わかるか？」。2005 年 10 月に開かれたダイエー中内功さんを偲ぶ会で、主催者のペガサスクラブ代表渥美俊一先生にこう問われました。先生は間髪入れず「彼はまったく新しい商品を、まったく新しい価格で、まったく新しい売り方で売った。だから成功した。なかなかこの三つを揃えることは出来ない」とおっしゃいました。流通の泰斗の指摘を、当社と流通の来し方と行く末を考える際、常に思い返しています。

　ファンケルの創業理念は「不の解消」です。不安、不満など、不の付く言葉を安心、満足、など、不のない形に導く、製品やサービスの展開を目指しています。

　通信販売という売り方も、この延長線上にあります。当社は SPA（製造小売業）という業態で、研究・製造・販売を一気通貫で行っています。「不の解消」を追求した結果、自然に現在の形となりました。

　本稿では、創業理念である「不の解消」と渥美先生の指摘に、当社の歴史をクロスオーバーさせて、振り返ってみたいと思います。

●新しい商品「無添加化粧品」

　ファンケルは、1980 年 4 月 7 日に創業しました。化粧品を販売するために、現会長である創業者の池森賢二が一人で立ち上げた会社です。創業の日は、池森の息子の誕生日でした。以来、37 年を経て、美容だけでなく、健康にも事業領域を広め、現在では従業員約 3,000 人、年商 1,000 億円規模の企業となりました。今期（2018 年 3 月期）は売上高 1,070 億円、営業利益 70 億円を目指しています。

　創業のきっかけは、1970 年代後半に社会問題化した化粧品公害です。

　池森の夫人は、化粧が大好きでしたが、ある日、肌にトラブルが起こり、化粧品が使えなくなりました。皮膚科を受診したところ、化粧品に含まれている添加物が原因と診断されます。池森はこのことに強い関心を持ち、化粧品は栄養成分が豊富なため、腐らないように「防腐剤」が含まれていることを知りました。

　女性をキレイにするための化粧品が女性の肌を痛める――。この「不安」を解消するため、池森は防腐剤を含まない「無添加化粧品」の開発を目指します。試行錯誤の結果、防腐剤を入れずに、2 週間は品質保持が可能であることが分かります。そこで一週間で使い切る 5

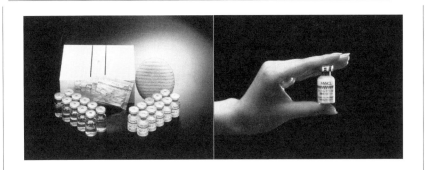

mlのアンプル瓶に入れた「無添加化粧品」を製造して売り出します。

　この「無添加化粧品」こそ、渥美先生が指摘した「新しい商品」でした。それまで、肌の弱い方が使う化粧品というのは、ほとんど世の中に存在しなかったからです。

　「無添加化粧品」は発売した当初、化粧品業界からは白眼視されました。「化粧品は夢を売るもの。あんな薬みたいなものは売れやしない」と陰口を叩かれました。

　しかし、肌が弱い女性からは、高い支持を受け、アンプル瓶のデザインも「カワイイ」、「外出に便利」と好評価を受けました。当社の急成長を見て、大手メーカーも「無添加」をうたう化粧品の販売を始めましたが、先行優位は崩れず、多くが頓挫、撤退し、当社は「無添加化粧品」のパイオニアとして、確固たる地位を築いています。

　現在でもスキンケアのカテゴリーでは「敏感肌」のマーケットが大変賑わっています。渥美先生が喝破した通り、当社が世に説いた新しいタイプの商品は、業界全体の流れを大きく変えたと言えると思います。

●新しい売り方「通信販売」

　現在、当社は通信販売と、全国205の直営店舗（2017年9月末時

点)、コンビニエンスストアやドラッグストアなどへの卸と三つの
チャネルを用いて、製品を販売しています。

1980年の創業から94年までは通信販売のみで展開しておりまし
た。当時は、化粧品の通販はほかにあまり例がなく、「新しい売り方」
でした。それには必然的な理由がありました。

「無添加化粧品」は防腐剤が含まれていません。そのため「新鮮、
つくりたて」が重要なポイントです。

製造して、すぐにお客様の手元に届ける必要がありますが、店で売
るとなれば、卸を経由したり、店頭で在庫としてストックする時間が
必要で、その間に無添加化粧品は傷んでしまいます。そこで、通信販
売で直接お客様に販売する形を選びました。

無添加化粧品という特性上、製造直販が出来る通信販売が不可避
だった訳です。池森は通販新聞のインタビューで「気づいたら通販
だった」と言っています。通販で売ろうと考えたというより、製品の
特性上、通販であらねばなかったということです。

通販によって、お客様とダイレクトにつながることで信頼も構築で
きました。

無添加化粧品は傷みやすいため、お客様には一週間で使い切ってい
ただく必要があります。一方で、当社は、製造年月日を製品に刻印
し、品質期限を可視化しました。これは化粧品では初のことと思いま
す。

双方が約束を守る「約束のマーケティング」を通じて強い絆が生ま
れていきました。当社には「ファンケラー」と言われる熱烈な支持者
がいますが、約束の積み重ねの賜物だと考えております。

渥美先生のご指摘の通り、化粧品を通販で売るということ自体が、
「新しい売り方」であった訳ですが、池森は通販という仕組みでさま
ざまな新しい取り組みを行いました。

　端的な例が「お試しセット」です。洗顔料や基礎化粧品などのミニセットを、1,000円程度で告知、販売して、本製品につなげていくこの手法は、通販化粧品では、ベーシックなマーケティングに位置づけられています。これは池森が考え出し、始めたものです。

　ヒントは新車の試乗でした。新車を試乗すると何となく買わなければならないという心理的負担が生じます。このため、新車の購入意欲があっても、試乗を躊躇する方も多い。あるディーラーでは、お金を払って試乗するシステムを取り入れ、大変好評とのことでした。これを知った池森が、化粧品でも同じ手法ができないかと思いつき「お試しセット」を開始しました。ポイントは「1,000円」という価格設定です。この金額ならば「お金を払う」という意識で申し込みます。要は本気のお客様です。一方で、もし自分の肌にあわない製品でも「仕方ない」と思える金額です。池森は「通販は心理学」、「通信販売は通心販売」と言っていますが、この例などは、特に顧客心理をよく捉えた仕組みだと言えるでしょう。通販という流通に内在する「不満」を解消したのが、「無期限返品」と「置き場所指定」です。

　通販での商品購入をためらう大きな理由は、実際に手に取って確かめることができないため、カタログやチラシと実物が違う可能性があることです。特に、化粧品やサプリメントは実際に使ってみないと、その良し悪しが分かりません。

　そこで当社では、購入期間や途中使用の有無に関わらず、無期限で返品を受けています。これにより、お客様は安心して製品を購入いただけます。

　「置き場所指定サービス」も当社の大きな特徴です。通販を注文して面倒なことは、自宅にいなければならない点です。小さい子供がいるなどの理由でチャイムを鳴らされたり、対面の受け取りを嫌がる方もいます。

　そこで導入したのが「玄関横」、「ガスメーター」、「自転車のカゴ」など、お客様にあらかじめ、荷物を置いておく場所を指定いただき、そこにお届けする手法です。お客様にも負担をかけませんし、配送会社も確実に一回でお届けすることが可能です。当社では98年からこのサービスを導入しています。

　現在、アマゾン・ジャパンを中心に、ネット通販が劇的に増え、物流会社の配送員の労働環境の悪化等が指摘されています。配送する荷物が激増したという要因のほか、共働きなどで日中は留守宅が多く、再配達が多い点も課題となっています。当社のこのサービスが見直され、新たに導入するところも増えています。その意味では時代を先取りしたサービスと言えるでしょう。

　紹介した二つのサービスも、池森が考えついたものです。通販という新しい売り方に、内在する「不満」や「不安」を次々に解消していったという点で、新しい売り方を、より進化させていったことが、当社の成長を支えたと言えます。

●新しい価格「サプリメント」

　渥美先生がもう一つ指摘したのが、「新しい価格」です。「無添加化粧品」は、1,000〜2,000円台の値段で、手ごろな「新しい価格」で登場しました。

　当時、化粧品の価格帯は、大きく二分しており、メインは、国内の制度品メーカーや外資系のラグジュアリーブランドの、5,000円〜数万円の価格帯でした。そのほかは、1,000円以下の安価なものでした。

　そこに当社の無添加化粧品が、1,000〜2,000円台の「中価格帯」で登場しました。日常的に使う商材としては、手ごろな値段であり、これも人気となったポイントでした。

　その後、通販やドラッグストアのチャネルでは、中価格帯が主流と

なっています。

　さらに、当社は化粧品とは別のカテゴリーで業界の常識を打ち破る「新しい価格」を展開し、成功を収めました。それが94年に打ち出した「健康食品の価格破壊」です。

　このきっかけも「不の解消」です。当時、池森は口内炎に悩まされており、これを治すのにローヤルゼリーが効果的でした。ところが、ローヤルゼリーは大変高価で、桐の箱に入って数万円もするものもありました。

　池森は、サプリメントの先進国である米国に視察に行き、日常的に使える価格で販売されていることを知りました。

　日本の健康食品はあまりに高いという「不満」を解消するため、「健康食品の価格破壊」をキャッチフレーズに、新事業として、展開を始めました。

　差別化の大きなポイントは、「新しい価格」でした。「ローヤルゼリー」をはじめ、健康食品の代表的な素材「ビタミン」、「ミネラル」、「クロレラ」などを、日常的に使える一カ月分、数千円の価格で販売

を開始しました。パッケージもアルミ袋を用いて、必要以上な高級感や過剰包装は排除しました。

　名前も「健康食品」というのは、古くさく、胡散臭いイメージがあったので、「サプリメント」という新しい言葉を、前面に打ち出しました。

　96年からは、読売巨人軍を引退したばかりの、原辰徳氏をイメージキャラクターにして、爽やかなイメージをアピールしました。

　当社が口火を切った「健康食品の価格破壊」は大きな支持を受け、健康食品事業は急成長を遂げます。その後、当社と同じように、健康食品を低価格で販売する動きが続き、マスメディアでの広告宣伝も相まって、市場は活況となります。食品や飲料の大手が、通販を軸にして、異業種から次々に市場参入し、健康食品の市場は、2000年代には、1兆円を超える規模となりました。

　当社が仕掛けた「新しい価格」が、市場を一新して、新しい市場を創り出したともいえると思います。

●機能性表示食品制度の誕生

　急成長した一方で、健康食品の市場には、旧来から大きく立ちはだかる「不」が存在していました。薬のルールである、薬機法（旧薬事法）の制約で、科学的根拠があっても、機能性をうたえないという問題です。つまり、ユーザーが最も興味があり、商品を選ぶカギとなる「どういう働きがあるのか」を、伝えられないということです。

　これはケネディ大統領が提唱した消費者の四つの権利のうち「知らされる権利」を侵害するものです。私は以前からこの状況はおかしいと考え、表示や安全性のルールなどを定めたサプリメント法を策定すべきであると、さまざまな機会で主張してきました。

　2015年4月に、機能性表示食品制度が誕生し、ようやくこの規制

が一定程度緩和されました。1971年に規制が始まってから、実に44年ぶりの規制緩和でした。

実は池森の発案で、2008年に日本通信販売協会にサプリメント部会が発足し、業界大手の意見を政治や行政に反映できるように、体制を整えていました。この当時、「さらさら」、「ふしぶし」など、抽象的な表現すら許さず、商品名を変更するように行政から指示が出るなど、著しく規制強化が進展したため、これに対応する機関として、サプリメント部会が結成されました。この部会の特徴は、各社の社長で構成しており、意思決定が極めて早い点です。

こうした経緯があったため、通販で健康食品を展開する業界大手は、うまく意思疎通と連携が図れていました。

そのため、2014年6月に、安倍総理が規制改革の一環で「健康食品の機能性表示を解禁いたします」と宣言し、消費者庁で制度発足の検討が始まった際にも、通販大手の意見を集約し、検討の場で意見を述べることが出来ました。検討会では、私が業界代表委員を務めましたが、サプリメント部会がなければ、難しかったと思います。

各社の結束により、業界に長年立ち塞がってきた「不」を解消できたことは、私にとっても思い出深い出来事でした。

機能性表示食品制度は、当社のビジネスにとっても追い風となりました。第一弾の製品の「えんきん」は、「手元のピント調整力を高める」という分かりやすい機能性と、テレビを使った広告宣伝で、認知を広げ、初年度に35億円の売上を計上。二年目も55億円の売上となるなど、スター商材に成長しました。ダイエットサプリメントとして人気のあった「カロリミットシリーズ」も機能性表示食品にリニューアルして、売り上げの数字を伸ばしています。当社では、サプリメントの売上の約3割が機能性表示食品になっています。今後、この制度はさらに発展し、市場の健全化に寄与していくことと思います。

●青汁、発芽米、アテニア

　化粧品、サプリメントが当社の屋台骨を支える二本柱です。このほか、ファンケルでは青汁、発芽米を展開しています。グループでは、アテニアが化粧品の通販を行っています。

　青汁は、キャベツの原種であるケールを原料に99年から販売しています。ケールは、野菜の王様ともいわれ、ビタミンミネラルを豊富に含んでいます。日本人の野菜「不」足の解消を目指した商材です。

　発芽米は98年に事業化しました。玄米を少しだけ発芽させると、白米に比べて栄養価が高くなり、かつ玄米よりも食べやすくなります。日本人の主食である米で、健康を維持するという狙いで始めました。

　青汁も発芽米も当初は、渥美先生の指摘した「新しい商品」でした。そのため、スタートから数年は、強い成長力で事業が拡大していきました。しかし、特に青汁はその後、さまざまな製品が次々に登場して、過当競争に突入してしまいしました。

　残念ながら、両事業ともピーク時に比べて、売り上げは減少していますが、可能性を秘めた事業であり、今後の立て直しを計画しています。

化粧品通販のアテニアもファンケルグループ会社です。

創業は1990年ですので、27年の社歴になります。通販で化粧品を展開する企業は、2000年以降、一気に数が増え、大手の異業種参入も増えました。アテニアも同質化によって、一時苦戦を強いられましたが、今期は売上が過去最高になる見通しです。アテニアの復活劇にも「不」の解消という理念の息吹や渥美先生の考えが垣間見えます。

アテニアの創業コンセプトは、「このセンス、この品質でこの価格」でした。高級化粧品の原価の安さに疑問を持った池森が、高品質で低価格の化粧品を販売するために、設立した会社です。しかし、通販における化粧品市場が激化するにつれ、差別化のポイントが薄れて、業績は低迷を続けます。

停滞を脱するために、行ったのが、原点回帰です。アテニアの創業理念を再度見つめ直し、「最高の品質の製品を3分の1の価格で販売する」というアテニア宣言を打ち出しました。これに伴い、製品も一新し、マーケティングの手法も、ネットを起点に口コミを広げる「循環型マーケティング」を取り入れます。これによって、アテニアは復活を遂げ、今期は過去最高の売上高を目指しています。

アテニアの再成長は、池森が掲げた理念を再定義したこと、渥美先生の指摘で言えば、高級化粧品の「新しい価格」を提示したことだと思います。企業や事業にとって、創業理念がいかに重要であるかを示す事例でもありましょう。一度低迷した通販化粧品企業が、再度業績を伸長させたケースは、ほとんど例がありませんので、マーケティングの分野で具体的な研究事例にもなると思います。

●「ひとつの事業は永遠ではない」

無添加化粧品→アテニア→サプリメント→発芽米→青汁と当社は、「不の解消」を理念にして、さまざまな事業を手掛けてきました。最

近でも、法人営業部を立ち上げて、健康経営を目指す企業に、健康増進プログラムや学べる健康レストランを通じた社食メニューの提供など、新しい事業を行っています。

　絶えず新しいことにチャレンジする姿勢も池森の経営哲学によるものです。

　当社には、池森の経営語録を31日分にまとめたカレンダーがあります。第一日目、冒頭には「ひとつの事業は永遠ではない」という言葉が出てきます。

　「企業が現状維持に回ると、倒産してしまいます。ひとつの事業が、永遠にうまくいく保証はどこにもありません。ビジネスというものは、必ず右肩下がりになる宿命を持っています。現状に安穏とせず、常に、新しいビジネスチャンスに挑戦するベンチャー精神を持ち続けることこそ、現在の経営者に求められる条件なのです。ファンケルが上場まで行き着くことができたのは、成功した事業がいくつか重なり、それが会社の業績を上げた結果です。常に新規事業に挑戦し、新たな事業を模索し続けることが必要です」

　一方で成功の陰には、失敗もあります。当社もさまざまな事業に挑戦し、残念ながら、撤退しています。

　ポルネットという事業では、アパレルの通信販売にチャレンジしました。これをスタートしたのが、1990年です。バブル経済の最中。社会の価値観が多様化し、「わがまま」がキーワードとなった時代でした。

　そこで、受注生産で、SS、LLなどイレギュラーサイズの衣料品に特化した事業を展開しました。カタログで告知し、受注を得る仕組みで計11号を発行したのですが、採算が悪く、撤退しました。

　オークションにも進出しました。これは池森が1989年にドイツを訪れた際、ヘンリーズオークションという企業の社長と意気投合しま

す。日本になかった海外の美術品を会員制でオークションする仕組み
でした。

　この仕組みを 1990 年 4 月にスタートさせます。

　初回には、美術品など 216 点が出品され、落札者は 103 人、落札合
計額は 3,606 万円でした。しかし、この事業も思うように広がらず、
1998 年に、事業を売却しました。

　その後、インターネットの普及により、ヤフーなどでオークション
が一般化します。

　現在でも「メルカリ」など、個人売買のシステムが高い人気を得て
います。ヘンリーズオークションも、ネットというインフラがあれ
ば、まったく違った形になったかもしれません。

　化粧品のカテゴリーでは、1992 年に、化粧水と乳液をまとめた
オールインワン化粧品「美蕾（みらい）」を別会社で展開しました。
当時急激に増えてきた働く女性をターゲットとした商材です。しか
し、思うように売上が伸びず、この事業からも撤退します。その後、
2000 年台に入ると、オールインワン化粧品は、隆盛となり、現在、
テレビショッピングで販売される化粧品はほとんどがこのカテゴリー
です。時代のニーズにどうマッチさせるかというのは難しい課題で
す。

　同様に、少子高齢化をにらんで、1998 年に手がけたのが、定年後
のシニアの楽しみを紹介する雑誌「毎日が発見」です。

　ネットサイトも構築して、幅広く展開したのですが、うまくいか
ず、こちらも事業を売却しました。シニアといっても、ニーズは多種
多様で、単純には絞り切れないことが課題でした。

　いずれも渥美先生が指摘した「新しい商品」、「新しい売り方」だっ
たのですが、思うような結果は残せませんでした。

　しかし、その後、時を経て、似たような事業が成功しているケース

もあることを見ると、冒頭に載せた渥美先生の「なかなかこの三つ（新しい商品、売り方、価格）を揃えることは出来ない」という言葉の深さを感じます。

●「会社は倒産に向かって進んでいる」

「優れた経営者は社会のインフラである」という指摘があります。通信販売においても、大きく成長した企業は、非常に優れたオーナー経営者が生み出した企業がほとんどです。

その意味で、成熟消費時代の通販市場においても、起業家が生み出す「新しい商品、価格、売り方」が必要なのだと思います。

渥美先生は、経営指導の際に「じゅうたん爆撃のような出店攻勢」とよく言われました。

あくなき積極策、攻撃は最大の防御なりということだと思います。当時は大店法の規制があり、じゅうたん爆撃のような出店は実現不能でした。それでも、流通革命の実現のために、流通に携わる人達のロマンのために、これを言い続けました。

一方で、中国の故事に「創業は易く、守成は難し」という言葉もあります。新しく事業を起こすことは簡単ではないが、それを維持発展させることは、さらに難しいという意味です。

成熟消費時代を迎えた通信販売市場を、今後どう発展させるのか。現在、約6兆円の日本の通販市場のうち、アマゾン・ジャパンの売上だけで1兆円となっています。この状況を含め、業界が危機感を持って考えなければなりません。

戦後日本の流通は、米国のモデルを輸入して、これをコピーしたものがほとんどです。チェーンストア、GMS、コンビニエンスストア、ダイレクトマーケティングなど、すべてが舶来です。しかし、食料品を中心としたGMSはダイエーが嚆矢で、ウォルマートがこれを研究

に来ました。コンビニエンスストアも、品揃えやオペレーションは日本で独自の進化を遂げ、これを米国に逆輸入しています。大きなコンセプトやシステムを受け入れて、独自に進化させるというのは、歴史的にも日本のお家芸で、ここに今後のダイレクトマーケティングの進化のヒントがあるのかもしれません。

また、AI や IOT が進化しても、買い物の楽しさという基本的な部分は変わりません。ここにも、重要な示唆が隠されている気がします。

最後に池森のカレンダーの6日目の言葉を紹介して、この稿を終わりたいと思います。

「つねに会社は、倒産に向かって進んでいる」。

「企業というものは、宿命的に、倒産に向かって進むエネルギーを持っています。顧客ニーズの変化や、業界の競争状態の変化など企業を取り巻く環境の質的変化に対応して常に手を打っていかなければ、業績は下がっていくことになります。倒産に向かうエネルギーに対抗できるだけの上向きのエネルギーを生み出さねばなりません。業績が好調でも、いつおかしくなるか分からないという危機感を持って、また業績が落ち込んでも、そのとき慌てないだけの準備を心掛けることが必要です。トップの毎日は、倒産の現実と戦い続けることなのです」

つねに会社は、倒産に向かって進んでいる

6

企業というものは、宿命的に、倒産に向かって進むエネルギーを持っています。

顧客のニーズの変化や、業界の競争状態の変化など企業を取り巻く環境の質的な変化に対応して常に手を打っていかなければ、業績は下がっていくことになります。

倒産に向かうエネルギーに対抗できるだけの上向きのエネルギーを生み出さねばなりません。

業績が好調でも、いつおかしくなるか分からないという危機感を持って、また、業績が落ち込んでも、そのとき慌てないだけの準備を心掛けることが必要です。

トップの毎日は、倒産の現実と戦い続けることなのです。

ファンケル創業者
池森賢二のことば

FANCL

【会社概要】

本社：横浜市中区山下町 89-1

創業：1980 年 4 月 7 日

設立：1981 年 8 月 18 日

代表者：代表取締役　社長執行役員　CEO 島田和幸

創業理念：正義感を持って世の中の「不」を解消しよう。

事業内容：化粧品、サプリメントなどの製造販売。

資本金：107 億 9,500 万円（2017 年 4 月 1 日現在）

売上高：963 億 500 万円（2017 年 3 月期）

従業員数：3,264 人（パート、契約社員含む。2017 年 3 月末時点）

〈歴史と沿革〉

1980 年　創業者の池森賢二（現会長）が化粧品の通信販売を個人で創業。

1981 年　ジャパンファインケミカル販売株式会社（現　株式会社ファンケル）を設立。

1982 年　添加物を一切含まない世界初の「無添加基礎化粧品」を発売。

1985 年　無料が当たり前だったサンプルを「お試しセット」として販売開始。

1989 年　「高品質・低価格・ハイセンス」をコンセプトとしたアテニア化粧品を設立。

1992 年　郵便受けに配達できる「ポストサイズ」の輸送箱を導入。

1994 年　「健康食品の価格破壊」を掲げて、サプリメントの通信販売を開始。

1995 年　直営店舗「ファンケルハウス」の一号店を出店。

1996 年　「無期限返品・交換サービス」を開始。

1997 年　インターネットサイト「ファンケルオンライン」で注文受付を開始。

1997 年　不在時でも指定された場所に届ける「置き場所指定お届けサービス」を開始。

1999 年　白米より栄養価が高く簡単に炊ける発芽玄米の販売を開始。

2000 年　飲みやすい「ファンケル青汁」の販売を開始。

2015 年　新設の「機能性表示食品制度」を活用し、「えんきん」などを発売。

2016 年　60 代以降をターゲットとした化粧品「ビューティブーケ」を発売。

2. オルビスのブランディングと
コミュニケーション戦略

阿部　嘉文

●オルビスという会社について

　私達オルビスは、ポーラ・オルビスホールディングスとして上場している化粧品を中心とした企業グループの中の1社です。グループ全体では、オルビスの他に、ポーラ、Jurlique、THREE、DECENCIAなどのブランドがあり、グループ全体でマルチブランド戦略を採っています。

　また、グループの中には化粧品のR&D（研究と製造）を担当するポーラ化成工業という会社もあります。

　グループの理念は「感受性のスイッチを全開にする」という企業としては若干風変わりな理念になっていますが、これにはグループに属するすべての人間が自らの感受性を全開にすることによってブランドの個性を磨き、お客様の感受性に響く商品とサービスを提供できるグループでありたいという誓いが込められています。

　そのグループの中で、オルビスという企業は、2016年末時点で従業員が1,329名、売上高は558億円、ブランドの営業利益は112億円、となっていて、化粧品を中心としたビューティケア事業が売上の93％を占めています。

　化粧品については、100％オイルカット（オイルフリー）スキンケアに特長があります。化粧品、例えばクリームや乳液などは通常「水と油」を界面活性剤によって乳化させて作るのが一般的ですが、当社のスキンケア商品は、敢えてオイルを使わない処方を採用することで、界面活性剤を使わず肌に優しいのはもちろんのこと、肌本来の力

を活かして、その人の肌の美しさを最大限引き出すことに重点を置いています。そこに独自性があると共に、お客様への訴求ポイントにもなってきました。

　他にも、UV 商品、ベースメイク、ポイントメイクなど幅広い品揃えをしています。メイクはどうしてもオイルを使わなくてはなりませんが、そこで使用するオイルは酸化しにくいオイルを使ってできるだけ肌への負担を軽くするように設計しています。化粧品以外には、ダイエット食品やサプリメント、ボディウェア関連の商品も取り扱っています。

　販売チャネルは、通信販売と店舗販売が主たるチャネルですが、通信販売はカタログと EC によるオンラインショップ、店舗販売は 116 店舗（2017 年 12 月末現在）ある直営店による販売が中心です。

　創業以来の基本理念は「誠実であること」で、誠実な商品、誠実な広告、誠実なサービスを大切にしてきました。その考え方に基づき、お客様へのサービス制度も、化粧品はほぼすべての商品に無料サンプルあり、且つ商品自体も購入後 30 日間は返品・交換可能（返送料も当社負担）、全国最短翌日配送、などを実施しています。

　しかし、通販ではさまざまな商品を一度に直接体験できる場が無いことから、商品をリアルに体験し、知ってもらえる場として、2000 年にオルビスザショップ 1 号店をオープンし、現在の店舗数に至って

います。

　私達の事業の概要は以上の通りですが、では私達の会社がお客様に提供できる価値は何か？　社会において存在する意義は何か？　について述べたいと思います。

　グループ理念は先ほど申し上げたとおりですが、オルビスはこのグループ理念に基づき「常識にとらわれない視点から、日常文化を美しく創造しつづける。」というオルビス自身のミッションも掲げています。

　これはわれわれの提供する価値により、ひとりひとりの明日を美しく引き出すことの出来るブランドでありたい、そしてコーポレートメッセージである「変わる人は美しい」が示すように、変わろうとする、自分らしく一歩を踏み出す女性を応援できるブランドであり続けたい、と考えているからです。

　また、このミッションには、われわれ自身も変わり続けなければいつか時代に埋もれてお客様の支持も失われていく、だから常に新たな視点で新たな商品や価値を生み出していこうという決意も込められています。

　　　　常識にとらわれない視点から、
　　　日常文化を美しく創造しつづける。

●通信販売の歴史と変化

　私達の会社の主たるチャネルは通信販売（売上の約75％）ですが、ここで通信販売の歴史ならびに当社の通信販売の特長にも少し触れてみたいと思います。

　通信販売というビジネスは、今の時代、一言では語ることが出来ないほど非常に多様化しています。例えば日本は通信販売という言葉は一般的ですが、中国や韓国にはこの言葉はありません。

　中国は電子商取引（EC）というのが一般的であり、韓国ではオンラインショッピングという言葉が一般的です。どちらも日本より歴史が新しくその販売方法が何からスタートしたかが、こうした違いに現れているのでしょう。例えば中国において通信販売はその本格的な広がりの時には、既にWEBつまりECがあったからだと思われます。

　その通販が多様化しているということですが、日本では新聞広告やチラシ広告（一般的にはレスポンス広告＝お客様から注文を取るための広告）もあれば、TVショッピングと呼ばれるもの、定期的にカタログを発行するカタログ通販、WEBを使ったECなどがあります。さらに、同じWEBでもその展開方法によってプラットフォーム型と呼ばれる売場提供型もあれば、ある特定の商品を中心に販売する単品通販型や自社のオリジナル品を販売する自社通販型など実にさまざまです。受注の経路もかつての葉書から電話、そしてパソコンと変化し、今はスマホ（スマートフォン）が中心になってきています。またラジオ通販と呼ばれるものも日本では一定のシェアを持っていて、目に見えなくてもパーソナリティが進めるものなら信頼して買う、というビジネスも立派に成立しています。

　この通販の歴史ですが、古くは17世紀イギリスにおいて植物の種や苗を販売し始めたのが最初と言われています。日本でも18世紀江戸時代に農業用の種を分けてあげるところから始まったとも言われて

います。当時は天候不良による飢饉も多く、強い品種を求める農家の人達にとってそういった種や苗は非常に貴重なものだったと想像します。

アメリカにおいては西部開拓時代に幌馬車に乗って未開の地にさまざまなモノを販売して歩く商団があったようです。こういった、日本では行商とか訪問販売と呼ばれるものも買いたくてもモノが手に入りにくかった時代のアメリカ西部の人達には貴重だったことでしょう。

その後19世紀になると南北戦争があり、アメリカは急速に鉄道や道路網などのインフラが整備されていきます。日本はちょうど幕末から明治にかけてです。この頃まずモンゴメリー社や後の小売大手となるシアーズローバック社がカタログを送り、郵便で注文を受け付けるというメールオーダーを始めます。こうして近くに店がない地方の人達に大量に仕入れた商品を、中間経路を通さないことにより、安く直接届けるという通販が定着していったようです。

当時のカタログがありますが、見ると馬具や鉄砲なども売れ筋だったようで、いかにも西部開拓時代、そして銃を保持できるアメリカという国を感じます。

この通販発展の背景には、産業革命で都市に労働者が大量に流入していた時代にあってもまだまだ地方（農村部）の人口が非常に多く、その割には店が少ないことから、国の消費の多くを支えている地方に、都市と同じモノを安く届けてもらうことへの需要は旺盛で、また価値あることだったからだと思われます。

この点では、国土の広いアメリカと国土の狭い日本ではだいぶ状況が違うので、その後の通販の発展の仕方にも微妙な違いをもたらしています。

日本では種や苗を分けるということから始まりましたが、本格的にビジネスとして通販が始まったのは明治に入ってからで、その中心は

今のデパートつまり百貨店でした。越後屋呉服店から始まった現在の三越百貨店が、その信用を背景に特選品を地方の人達に販売したのが始まりのようです。

　当時のカタログを見ると、特選布地、高級靴、懐中時計などが載っており、アメリカが生活必需品中心だったのに比べ、日本は「特選品＝都会で流行っている品物や百貨店がお勧めする商品」から始まったというのは興味深いところです。

　通販の初期段階においては、名もない会社だと何が届くか不安がある中で、有名百貨店という看板と信用を重んじるのは日本ならではと思います。

　その後1980年代に入ると日本はカタログ通販全盛の時代になって行きます。当時は、お店ではなかなか売っていない個性的な商品や珍しいモノを販売するなど、通販はその独自性で伸びていきました。TV通販もその後を追うように発展していきます。

　そして、2000年代に入るとインターネットの時代に入り、通販は大きく様変わりしていきます。通販は伸び続けてはいたものの、それまではある特定の領域、販売チャネルとして捉えられていたのが、2000年代に入ると店舗と並ぶ小売の主軸となって行きました。

　日本における通信販売は、21世紀に入ってからも一貫して右肩上がりで増え続けており2005年には3.3兆円の規模だったのが2016年には約7兆円となり百貨店の売上規模を超えるチャネルになりました。これは純粋な物販だけの通販協会の集計値なので、集計に含まれない会社や物販以外の業種なども含めると今やその規模は17兆円とも言われています（経済産業省の推計値）。

　通販を大きく変えたインターネット、EC企業で、代表的なのがAmazonです。日本では書籍の通販から大きく広がっていきましたが、今では日本だけでも1兆円を超す売上を持ち、世界第5位の小売

業となっているのはご承知の通りです。

　日本でも楽天、Yahoo、LOHACO などプラットフォーム型といわれるさまざまな商品を扱う通販企業が大きく伸びました。この背景には通販事業は参入障壁が少ないこと、プラットフォーム型通販会社がこぞって自社への出店促進を強力に行ったこと、加えて宅配事業などインフラサービスが充実したことなどがあります。

　今や日本では、当日配送サービスのカバー率が人口の 84 ％ にも達していると言われています。受け取りも必ずしも家でなくても良くなり、コンビニ受け取りや駅のロッカーで受け取れるサービスなどまだまだ進化し続けています。

　一方では、こういったサービス競争が宅配事業の現場で働く人達の人手不足や過重労働につながり、結果として今「宅配問題」などと呼ばれ、新たな局面を迎えているのは皆様ご承知の通りです。こういった状況下では、配達サービスの競争は現状のままでは成立し得なくなってきており、通販会社が配送サービスを一番の武器に差別化を図るというのは難しくなりつつあると言わざるを得ません。

●オルビスの DNA と通販チャネルの歩み

　続いて、オルビスにおける通販チャネルの考え方、DNA とも呼ぶべき大事にしてきたことについてお話しさせて頂きます。

　われわれオルビスはもともとポーラという訪問販売から生まれた通販会社ですので、一般の小売業と違って一人ひとりのお客様と向き合っていくことを大事にしようという DNA が創業の頃からありました。

　創業の際に、大事にしたことの一つはわれわれがお客様に提供する商品は、われわれが自信を持てる分野の商品であることでした。私達のグループの原点は化粧品ですし、特にスキンケア分野には自信があ

りました。また、通販を始めるにあたって、常に目新しい商材を探し
提供し続けるというより、ひとりのお客様にリピートして頂ける商材
を考えていました。長くお付き合い頂き、顧客継続とLTV（ライフ
タイムバリュー）を大切にしていこうという考え方です。その結果、
化粧品を中心とした通販ビジネスを始めました。

　ただ、化粧品は肌に「合う」、「合わない」という特性を持つもので
すし、先ほど申し上げた訪問販売においてはお客様と1対1で直接お
会いし、ご相談（カウンセリング）を通じて販売する（商品のお届け費
用も販売者側が負担する）ことが出来ますが、通販ではそれが出来ま
せん。そこで、訪販と同等のサービスをお客様に提供するために、私
達は創業時には、「1個からでも送料会社側負担、ほとんど全商品に
無料サンプルを用意する、返品も30日間会社側負担でお受けする」
などのサービスからスタートしました。

　しかし、これを継続し事業を黒字化させるにはリピートが大変重要
です。われわれオルビスの化粧品の価格は1,500円〜3,000円程度で
す。通販は販売する商品の単価や1回のご注文金額にもよりますが、
1回の販売ですぐ黒字になるわけではありません。継続して買って頂
くことで初めて黒字化するという構造であり、継続購入こそが重要な
鍵となるのです。

　そのために、ブランド力が非常に重要になってきます。ブランド
は、商品の品質はもちろんですが、その企業が持つマインドやサービ
スも含めたそのブランドならではの独自性があってこそ出来上がるも
のです。われわれがオイルカットという他社にはほとんどない化粧品
づくりからスタートしたのも、ブランドの独自性に共感してくださる
固定客をしっかり獲得しようと考えたからです。

　その結果、大手とは違う独自性によりお客様の支持を獲得すること
ができ今日に至っているわけです。どんな商品でもブランド力は非常

に大切ですが、化粧品は中でも特に重要です。化粧品は価格差が大きい商品ですが、その差は品質や機能に加えてこのブランド力で決まるといっても過言ではありません。

しかし、通販も化粧品業界も参入障壁が低いことや、そもそも通販は低コストで日本全国を市場に出来る、といったことから他業種からの参入が相次ぐことで競争が激化し、価格勝負が全盛となって行きました。

そういったブランドビジネスである化粧品と通販チャネルという特性の中で、オルビスも一人でも多くのお客様を獲得したい、売上を伸ばしたいと考え、通販という小売事業の側面に比重が置かれた結果、お客様との接点が価格とサービス偏重に陥ってしまった時期がありました。価格勝負でいかにお客様の気を引くか、いかに早く届けるか、そういった通販業界全体の流れに飲み込まれて行ったわけです。

例えばオルビスはかなり以前からボリュームディスカウントサービスという制度を行っていました。これは1回にまとめて買って頂くお客様は会社側の送料負担分が相対的に低くなるので、その分感謝を込めて還元させて頂きます、という趣旨から始めたものです。しかし、これも還元率だけが全面に出過ぎて、いつの間にか普通の割引制度になってしまっていました。さらにこれに加えて、今月はこの商品が特別価格です！　と商品個々の値引きまでやっていた時期がありました。

せっかく独自の商品と独自のブランドを持っていながら「お得感」、「利便性」中心のビジネスになってしまい、結果として誰でもお客様になってもらおう、割引やプレゼント品でお得感を訴求しようというビジネススタイルになり、結果、コモディティ化し、個性のない商品というイメージが広がり、ブランド力の低下と希薄化を招くこととなりました。

　その結果、利益が減っていきますし、お客様との関係性も「価格」、「お得感」での繋がりが中心になっていき、私達が大事にしてきたブランド本来の価値に共感していただく強い繋がりが薄れて行きます。簡単に言えば「安くなければ買っていただけない」ブランドになってしまうということです。

●ブランド再構築へのチャレンジ

　そこでわれわれは数年前からブランドを再構築し、お客様との関係性を変えていく取り組みを始めました。もっとわれわれのブランド本来の価値を伝えて行こう、商品の個性と魅力をもっと磨いていこうということに舵を切り直しました。まだ途上ではありますし、これからも紆余曲折はあるでしょうが、今は必死でそれに取り組んでいます。

　これはある意味、売上が大きいことだけが良いこと、拡大戦略がすべて、という考え方からの転換でもあると思っています。消費者の方々にとってもさまざまな選択肢があった方が良いわけで、規模を追いかけて寡占化することを良しとするのではなく、独自性や個性で勝負を掛けて長く続く企業になっていこう、という企業のありようの方針転換でもあります。

　このブランド再構築で取り組んだことは、まず「割引します」、「お買い得ですから買ってください」という訴求を一気に減らしたことです。それまでは、自信のある新製品まで「お試し価格」と称して、特価で販売していましたが、これをやめました。その結果、「安いから買う」というお客様は離れていきましたが、ターゲットを明確にしてブランドを確立するためには必要なことだったと考えています。

　そして、ターゲットとなるお客様の生活スタイルや生活シーンをどう楽しくできるのかや、本来の商品が持つ特長や良さをきちんと伝えることに重点をおいたカタログやWEBページを心掛けました。

　また、今までのボリュームディスカウントでたくさん買えば誰でも割引率が高くなるという制度もやめました。たくさん買えば誰でも同じ割引率という考え方は一見公平なようですが、私達は継続してご購入頂いている（ブランドを愛してくれている）お客様を大事にすることの方がむしろ公平と考え、ポイント制度に切り替えるとともに、ステージ制度を導入しました。この制度は、長く使って頂いているお客様に割引だけではないさまざまな特典やサービスも提供できるような仕組みに発展させることを考えています。例えばロイヤリティの高いお客様しか手に入らないようなオリジナル商品を限定発売したり、ポイントでイベントにご招待したりなどいろいろ考えています。

　そして、割引、お得、これらから抜け出し、ブランドをしっかり確立させるために、何より一番大事なのはやはり商品力です。商品力は機能性はもちろん、魅力あふれる独自性が必要です。それまでのオルビスは、「卒業ブランド」と言われ、40代後半になると他社に移っていったお客様も多かった中で、私達は、この年代のスキンケアを強化するためにオルビスＵという商品を発売しました。価格帯も従来の主力スキンケアが2,000円前後だったものを3,000円前後に引き上げ、オルビスとしては比較的高価格帯のアンチエイジング化粧品をブランドの新しいシンボルとして発売することにより、安くてお手軽な化粧品から一歩抜け出すチャレンジをしたのです。

　この試みは成功し、比較的年配の方々の継続性が高まったのは元より、それより年齢の若いお客様でもこの商品にランクUPした方がたくさんいらっしゃいます。洗顔も今までの泡洗顔の常識を覆し、ジェル状の洗顔を投入しました。オルビスＵのキャッチフレーズは「さよならオルビス、よろしくオルビスユー」で、今までのオルビスに決別し新たなオルビスに生まれ変わるという宣言でもありました。

●オルビスにおけるオムニチャネルとマーケティングコミュニケーション

　一般的に、通販はナショナルブランドや規格統一型商品は、中間業者がない分価格も安く設定できるので強い、それに対して店舗はリアルに触ったり使ってみたりできるという優位性がある、ということはお分かり頂けることかと思います。

　最近よく言われるオムニチャネルは、店舗と通販を融合させたビジネスという意味でよく使われます。一般的には店舗で体験し、通販で買うという店舗→通販という小売における送客の流れ（小売のやり方）と捉えられているところもあるようです。

　しかし、本来はそういう意味ではありませんし、われわれもそう捉えていません。一つは売り場の役割です。今やお客様視点で考えた時に店舗と通販を分けて考えることはあり得ませんし、そのために品揃えと在庫の一元管理、お客様情報の一元把握、マーケティングデータの一元化などは当然のことですが、重要なのはさまざまな接点で、どうお客様とのコミュニケーションを取り、お客様にとって最適な価値やサービスを提供できるか、ではないでしょうか。

　そのために大きな課題の一つは店舗や通販と言うチャネルの垣根を取り払い、一つのオルビスブランドとして、お客様にオルビスならで

はの価値をお伝えし、継続的にファンになってもらうために、お客様とのコミュニケーションをどう取っていくかです。

われわれがこの課題の解決、コミュニケーションの進化に向けて大事なキーワードと考えているのが One to One です。お客様を塊で捉えるのではなく、一人ひとりのお客様に対して、丁度良い距離感を持ちながらも、かゆいところに手が届く最適な価値とサービスを提供したいという考え方です。

よく STP（セグメント、ターゲティング、ポジション）と言われますが、消費者を一定のパターンで分類する（セグメンテーション）だけではなく、そこから自分達はどんな特長を持ったブランド（ポジショニング）でお客様は誰か（ターゲット）、さらに、そのお客様は具体的にどんな特性を持っているのか（ペルソナ）まで想定し、その特性に合ったコミュニケーションを心掛けるようにしており、その延長線上に One to One もあると考えています。先ほどの価格訴求型、大量販売型の売り方は、いわばこの STP が不明確だったということでもあります。

時代は、コールセンター時代から WEB、そしてスマホへと注文の仕方もコミュニケーションの仕方も変わって来ていますし、ビッグデータという言葉や AI（人工知能）の深層学習などの言葉に代表されるようにお客様のデータを分析する力は年々進化し続けています。そういった時代だからこそ、私は逆にデジタルやデータ分析だけではないコミュニケーションの力がより大事になってくると感じてもいます。

私達の考える One to One は、そういった一人ひとりを良く見た「人肌感」とも呼ぶべき人間らしさこそ大事だと考えます。したがって、SNS や WEB でも丁度良い距離感（通販では必要以上に近すぎないことも大切）を保ちながらも、人間味も感じていただけるコミュニ

ケーションをさらに進化させていくつもりです。

　例えば、ラインのスタンプは、ご存知の方もいると思いますが、「うるにゃん」というオリジナルのキャラクターを使っています。これも親しみやすさ、人間味を意識したコミュニケーションツールの一つです。

　また、私はコールセンターにおけるコミュニケーションを、今の時代にあっても大事な核と捉えています。コールセンター＝受注センターとして、短い時間でなるべく多く電話を取る（その方が受注1件あたりのコストが安くて済む）という考え方もありますが、私はそう考えてはいません。そこでの注文受付にとどまらないコミュニケーションこそ、実はお客様の継続、ブランド価値確立、お客様を良く知ることに繋がるからです。

　データは、どんなに分析力が進化しても所詮過去のデータです。そ

　の点、コールセンターは対話のやり取りの中から、お客様の今の心理や未来への嗜好性などの傾向もリアルに掴むことができますので、予見データとしても非常に価値があると考えています。

　こういったコミュニケーションのあり方は、商品だけではなくそれを生み出す企業理念の現れでもあり、ブランドの確立において極めて重要です。お客様視点や顧客満足、これらは当社も他社以上に大切にして取り組んで来ました。結果として、それが経済産業省の外郭団体であるサービス産業生産性協議会が主催する日本版顧客満足度調査（JCSI）で高い評価を頂けていることに繋がっていると感じます。

●One to One コミュニケーションの具体例

　ここからは、今まで申し上げたブランドを確立し、お客様に継続して愛されるブランドになるために大切にしているマーケティングコミュニケーションの当社の具体例を幾つかご紹介させて頂きます。

①双方向コミュニケーションの口コミサイトとキクラボ

　これは、文字通りお客様の声を聞く WEB 上の自社運営の口コミサイトで、会社側からの一方的な情報発信だけではなく、商品ユーザーであるお客様からの情報発信や、商品のカラー決定の際にご意見を頂いて投票をしてもらうなど、双方向型のコミュニケーションに活かすとともに、お客様のコミュニティにも発展させたいと考えている取り

組みです。

②アクティブサポート

これは、お客様一人ひとりの声を大事にしたいという想いに加えて、お客様の「つぶやき」レベルに対応することでインサイトと呼ばれる潜在欲求を探ることにも活かしています。公式SNSサイトにお客様から寄せられた声に対し、あえて企業側も絡んでいくというものです。

例えば、「サンプル間違ったのが届いた！」というつぶやきがあった場合など、「ここに連絡してくだされればすぐに正しいものとお取替えします」のように積極的にアプローチしていくものです。

ただ、これは「私のつぶやきに何でいちいち会社が反応するのか」という反感も生みかねません。なかなか対応が難しいもろ刃の剣のところもありますが、私達はあえてそれにトライしながらどこまでがお客様に喜ばれ、どこからは煩わしいと感じさせてしまうのか、など試行錯誤しながらお客様の本音を見極めていくことにも活用しています。先ほどの人肌感を大切にしながら、丁度良い距離感とのバランスを見ていくわけで、大切な取り組みです。

この取り組みに対してお客様からは、「すぐに応えてくれるなんて『神対応！』」などと喜ばれ、企業とブランドへのロイヤリティ向上や信頼感醸成などに繋がっていると感じています。この辺は今までの私達の経験を生かし他社とは一味違う対応が出来ているのではないかと顧客対応部門のメンバーには感謝しています。

③コールセンターの対応事例

オルビスのコールセンターはもちろんマニュアルもありますが、会社としては必ずしもマニュアルを守ることを第一とは考えていません。そこに人間らしい対応があってお客様にファンになってもらえるならそれも大切なブランド活動であり、一生涯のファンになって頂け

る良い機会と考えているからです。

コールセンターのオペレーター（私達の会社ではBISTA＝ビスタと呼んでいます）が、いつも高保湿のスキンケアシリーズをご注文されている50代のお客様から、ある時さっぱりした感触のニキビ用スキンケアも一緒にご注文されたりした場合など、ここから何を汲み取るかということを大切にしています。

結論から言うと、オペレーターはご家族のご利用分の同時購入と推測して、差し出がましくならないようにそのことを訊ね、娘さんの分であることを確認したうえで、お買い上げプレゼント品を2人分お送りさせて頂くこととしました。お客様にはもちろん喜んで頂きましたが、私達オルビスではこういった対応はオペレーターが独自に判断して対応することを奨励しています。これもお客様に人肌感を感じて頂き継続性を高めると同時に、ブランドイメージをお伝えする大切な活動だからです。

●おしまいに

私達のチャネルは通販をメインにしているものの、基本的には自分達のことを化粧品会社もしくはビューティ領域の商材を扱う会社であ

り、通販チャネルにこだわった小売事業者だとは考えていません。また、これからの時代は通販、百貨店、専門店、通販会社などのチャネルはシームレスになっていくと考えています。

アメリカにおいてはAmazonが、中国においてはアリババグループがこのチャネルシームレスの時代に小売事業のガリバーになろうとしているように、日本にも新たな小売事業の巨人が生まれるかもしれません。

しかし、私達はそういった総合通販、もしくは総合小売事業とは一線を画すブランドビジネス企業でありたいと考えています。

私達が取り組んでいるブランドビジネスとコミュニケーション戦略は、ターゲットを絞り、そのターゲットの方々に独自の価値を提供し、独自商品で勝負するメーカーならではのやり方です。

今、私達のブランド再構築もここ2〜3年の社会状況の変化によって、更に次のステップへ踏み出すことを求められています。さまざまなイノベーションや革新の中で、企業はよりスピーディに変化対応することが求められています。

通販においては、今後ますますデータマーケティングが重要となっていくことは間違いありません。しかし一方でデジタル化とデータ分析の精度だけで通販の勝負が決まるのだろうか、私はそう考えています。

大切なのは、私達のブランドを愛してくださるお客様のインサイトをより深く知ることや、インサイトに寄り添った価値をどう提供できるようになるかだ、そう考えます。

その考え方に基づき、私達は自分達の戦略をより力強く進めて行きたいと考えていますし、それを進めることが、社会に貢献できるサスティナブルで強い企業になって行くことに通じる、私はそう信じています。

【会社概要】

本社：東京都品川区平塚 2-1-14

グループ：東京証券取引所 1 部上場「ポーラ・オルビスホールディングス」のグループを構成する会社

業務内容：化粧品、栄養補助食品、ボディウェアの企画・開発および通信販売・店舗販売・卸販売

設立：1984 年

創業：1987 年

資本金：110 百万円

売上高：連結 558 億円（2016 年 12 月期）

ブランド営業利益：112.8 億（2016 年 12 月期）※グループ化粧品製造会社営業利益を含む

従業員数：1,329 人（2016 年 12 月 31 日現在）

事業所：本社／東京都品川区

オルビス流通センター／埼玉県加須市、兵庫県西宮市

オルビス・ザ・ショップ／全国 116 店舗（2017 年 12 月 31 日現在）

〈沿 革〉

1984 年 6 月	オルビス株式会社設立　※株式会社ポーラ化粧品本舗から分離独立
1987 年 5 月	通信販売開始（創業）
1991 年 11 月	月刊カタログ情報誌「La」創刊
1992 年 1 月	電話リアルタイム受注システム導入
1996 年 6 月	顧客レターシステム導入
1999 年 9 月	オルビス・ザ・ネット（EC サイト）オープン
2000 年 8 月	オルビス・ザ・ショップ 1 号店オープン
2005 年 10 月	プライバシーマーク取得
2006 年 7 月	台湾オルビス設立
2008 年 9 月	北京オルビス設立
2010 年 12 月	株式会社ポーラ・オルビスホールディングス

	東京証券取引所市場第一部上場
2011 年 6 月	東日本大震災復興支援活動「いつもプロジェクト」スタート
2012 年 2 月	オルビス西日本流通センター開設
4 月	「甲州市・オルビスの森」里山再生スタート
8 月	オルビス東日本流通センター開設
2013 年 7 月	オルビスアジア太平洋地域統括本社設立
2016 年 12 月	熊本大震災「オルビスくまもと未来基金」設立
2017 年 4 月	月刊カタログ情報誌「Sibro」創刊
5 月	創業 30 周年

3. 山田養蜂場　事業の原点は人間主義にあり

山田　英生

　山田養蜂場は、私の父である山田政雄が徳島で養蜂業を開始した1948 年を創業年としております。

　父は当初は移動養蜂を行っており、その移動先のひとつであるれんげの三大産地、岡山県鏡野町で母と出会い、結婚して居を構えることとなりました。私はその鏡野町で生まれ育ちました。

　大学卒業後、福岡でサラリーマンを 3 年経験し、1983 年に岡山に帰ってきたのですが、その当時日本は高度経済成長期に入り、人件費が高くなり過ぎて農業では食べていけない時代へと向かっておりました。

　私は、農業後継者として就農して間もなく、自社の経営を養蜂業という農業だけに特化した会社から、ミツバチ産品を商品化できるようにするため、メーカー機能や小売機能を充実させてゆく必要性を感じていました。

　当時、養蜂業をしていた当社の売り上げは、その大半が原料生産と卸売りでしたが、約 5 ％ 程度の産直販売の売り上げもありました。そ

昭和 33 年当時の養蜂場と山田政雄前会長

の時の産直販売の売り上げは、1965 年頃から参加した全国の百貨店の物産展で、商品を買われたお客様に気に入られて、直接商品の注文を頂くようになったものでした。当時、まだ全体の1割にも満たない売り上げでしたが、この催事や産直により消費者との交流が生まれ、消費者の実像を知ることが出来たのは貴重な経験でした。

　私の大きな転機は、実家にUターンした5年目の 1988 年、先代の社長である父が倒れ、その2日後に自宅全焼の火災にあったことでした。私が経営者として会社全体を見なければならなくなったのです。

　社長の脳梗塞と火災という二重の受難に遭遇し、この事故は何のために起こったのかを深く考えざるを得ませんでした。そしてその結果、「この事故は天が私に使命を自覚させるために与えたのだ。」と捉えるようになりました。「自分に与えられた使命とは何か？」そのように深く思索していった時に、病気で若くして死んでいった妹や、家業の養蜂業について、そして、日本で最も多くのローヤルゼリーを生産していた当社の歴史などについて深く思いを巡らせました。そして、「私は、このミツバチ産品を通じて社会に貢献すべき使命があるのだ。その使命を自覚することで、妹の死や、今回の父の病気も、火災も自分の肥やしとし、新たな舞台へと向かってゆくことができるのだ。」と気が付きました。そのように捉えると、仕事の具体的な方向性についても更に真剣に考えるようになりました。

●**本格的な通信販売参入**

　当時、売り上げの 95％が卸売りのなかで、これからの仕事をどうしていくべきかを真剣に考えました。そして、農業者として、商品の良さを理解してもらえず安さだけを求められる今の 95％の卸売りの仕事よりも、直接お客様とお話しして、私たちが作ったものを気に入っていただいた方に販売する5％だけ存在していた通信販売の売上

を伸ばしてゆく仕事の方が、とてもやり甲斐が持てることを自覚したのです。「どうせ人生をかけてやるなら、やりがいの持てる仕事にかけよう‼」との想いから、通信販売に大きく舵を切ることを決めたのです。

　通信販売に取り組むことを決めたのが1988年頃。そして「本格的に通販に参入」と言える投資を始めたのは、1991年頃のことでした。その頃、10年以上前から蜂蜜を買われていたお客様が、その後どれくらいリピートしたかを月単位に分析してみたのです。すると、当時の商品を買ったお客様100人が、1年に100万円買い物をしたとすると、10年後そのお客様が70％に減っているのに、年間に何と120万円の買い物をしてくださっていることがわかったのです。

　この事実により、私は通信販売の将来性について強い確信を持ちました。「これだ、これなら通信販売は他の事業と同じように安定したビジネスと言える」と思いました。通信販売のビジネスは、お客様とは距離も離れているし顔も見えないが、お客様は10年経っても私どもへの信頼は変わらず、こうして買い続けてくれている。「1対1」のお付き合いが可能なのだと確信したのです。自分でもお客様の笑顔を思い浮かべながらの仕事にとてもやりがいを感じていました。この時に私が行った顧客分析が、その後の通販事業の方向へと背中を押してくれたのです。

　当社の通信販売の急成長は、時代の波もありましたが、それ以上に当社が取り組んできたいくつかの新規性の高い販促活動によるところが大きいと思います。今まで他社がやっていないことをさきがけてやってきたからこそです。新聞の記事体広告に日本ではじめて健康食品の広告を掲載したのは当社です。新聞の純広告で健康食品のレスポンス広告を出稿したのも、当社が日本で最初です。また、TVショッピングで健康食品の販売を日本で初めて行ったのも当社でした。これ

らの取り組みにより当社の売り上げは、父の倒れた当時の 1 億円の売り上げから 100 億を超す規模へと成長しました。そして、その次に当社の成長に貢献したのは、ダイレクトメールとテレマーケティングというパーソナルなマーケティング技術をマスマーケティング的に展開した当社独自の販売手法が大成功したことにあると言えるでしょう。この手法はデータベースマーケティングの技術を駆使して、膨大なプロスペクト（潜在見込み客）データを抽出し、このデータに対してダイレクトメールとテレマーケティングを組み合わせて販促を行うというものです。この取り組みは、最大で月間 1,000 万件のダイレクトメールと 60 万件のアウトバウンドを実施しました。結果、当時 100 億円だった当社の売り上げが一気に 300 億円まで引きあがりました。おそらく、この規模でダイレクトメールとアウトバウンドを組み合わせて展開した通販企業は今までなかったと思います。

　健康食品のテレビショッピングが成功したことで、次から次へと新しいテレビショッピング企画を増やしていったわけですが、結果的に時間に追われ、満足な結果の検証もできずに、作業的に新しい企画に取り組むことが続いておりました。私は、これでは若い社員の育成につながらないと感じました。そこで、きちんと PDCA を回して社員の育成につながる販促方法として、このデータベースマーケティングとテレマーケティングとの連動した企画に力を入れたのです。後に「リスト事業」と呼ばれるこの企画では、企画と検証、結果を一気通貫でみることができるため、社員の育成にも大きく寄与したと考えております。

　当時、一般的にローヤルゼリーはとても高額な商品と捉えられており、販売形態も、専門的な知識をもって説明することが必要でしたので訪問販売や宣伝講習販売を中心に売られていました。

　そのような社会的背景の中で、通信販売で大きく売り上げを伸ばし

てきた当社は、次第に市場で認知されるようになっていきました。リピート購入者が増えはじめた頃に「購入をストップされるお客様がいるのは、なぜだろう。」と考えるようになりました。そして、お客様に継続して購入していただくために、定期割引制度の仕組みを取り入れたのです。これは、定期的に自動で商品をお届けする仕組みで、継続して購入してくださる方には営業コストが掛からない分だけ割引をします。今ではどの通販会社も行っていて当たり前のようになっていますが、おそらく日本の健康食品における定期割引制度の導入は当社がもっとも早かったと思います。

　この定期割引制度の仕組みは、私が毎日自宅に新鮮な牛乳が宅配されるのを見て思いつきました。毎日、便利に自宅に配達される牛乳は、届くサイクルに合わせて飲まれ、たくさん溜まった牛乳は余分に飲んでおりました。「とても便利だし、これなら製造部門に負担を掛けずに計画的に製造ができる！」。受注の急増にあわせて、工場で応対できる人数が確保できなかったという苦しい事情から導入した苦肉の策だったのですが、この定期割引制度のおかげでその後、当社が安定して急成長することにつながりました。

　このように当社が取り組んできた営業活動の軌跡は、明らかに既存の大手通販会社とは違っておりました。いわゆる大手が取り込まないような、新規性の販促を展開したことに成功の秘訣があると思っております。他の大手通信販売会社と対等に渡り合ったのでは、とても太刀打ちできないという考えから、まだ誰もアプローチしたことのない新しい販促に常に挑戦し続けたことが成功につながったのです。

●創業の精神と企業理念

　当社の通信販売の事業はその後、打つ手打つ手が面白いように当たり、どんどん急成長していきました。ところが、そのなかで私の思い

もしなかった問題が発生したのです。ある日の販促会議の時のことです。当時、若い男性メンバーが企画会議で発言した「お客様をだます」との言葉に愕然としました。当社が何故ローヤルゼリーを販売しているのかという真心やお客様への想いを理解せぬまま、ただ、技術としての売上獲得だけを考えた仕事になろうとしていたのです。

　もともと、家族的だった私たちの会社では、お客様の健康に対して強い使命感のようなものを共有した温かい目線での仕事をしておりました。ところが、急成長していく中で、人もたくさん増えてきて、創業の想いを理解せず仕事をしている人たちが生まれていることに気づいたのです。これではいけない、想いを共有しなければ、真心の仕事はできないと考え、みんなが同じ想いで働けるように「創業の心」を形にした、「企業理念」を創ったのです。山田養蜂場の存在意義がどこにあるのか。何のために働くのか。その考え方を中心にすえることで、私と社員とが同じ想いを共有できるようにするのが目的でした。

　山田養蜂場の創業の精神である「常にひとりの人のために」とは、私の妹、差栄が先天性の心臓疾患を持って生まれたことをきっかけに、生まれました。妹に対する両親の深い愛情の姿を、兄としての私が感じたものを言葉に表したものです。創業者である父は、生後間もなく判明した娘の難病を知り、その時の専門医から、体力がついたころに外科手術を受けることをすすめられました。

　父は「何とか元気に育てて、心臓の手術をさせたい」と決意して、父親としてあらゆる手を尽くしました。おりしもその当時、ローマ法王ピウス（ピオ12世）がローヤルゼリーによって死の淵から生還したというニュースが世界中をかけめぐり、日本にも伝わってきました。そのニュースを知った父は、自らの飼育するミツバチがローヤルゼリーを生産できることを知り、「このローヤルゼリーこそ娘を元気にする秘薬かもしれない」と、その日以来、研究を重ね、独自にローヤ

ルゼリーを大量生産する技術を習得するに至ったのです。そのローヤルゼリーのおかげで妹は14歳まで元気に生きたのですが、結局、心臓外科手術の失敗により亡くなってしまいました。

娘の死に父は大きなショックを受け、何日も涙する日が続きました。しかし、「自分の子はかえってこないが、悲しみに打ちひしがれているだけでいいのか。世の中には娘と同じように病気や障害で苦しんでいる人がたくさんいる。娘は大切な命と引き換えに、多くの人々の健康を守るために私の仕事の使命を教えてくれたのだ」と立ち上がったのです。父はこの時を境になお一層、養蜂と養蜂を通じたミツバチ産品の開発に熱心に取り組み始めました。私が両親から感じていた、妹に対する親の愛情は、「苦しみを取り除きたい＝悲」、「楽を与えてやりたい＝慈」という人間としての当たり前の心です。私は、事業の根本の精神に、私の両親がローヤルゼリーを創る動機となった、この「慈悲」の心を据えなければならないと考え、それを創業の精神として決めたのです。

●当社の通販事業の考え方

当社が急成長をしてきた原因は、常に他社のやらないような新規性の高い挑戦を続けてきたことにあると先ほどお話ししましたが、これは、当社が鏡野というとても不便な田舎に存在したからでもあります。人材もノウハウも豊富にある便利な都会と違って、田舎では、必要な人財が集まりにくかったり、新しい情報が集まらなかったりします。しかし、だからこそ、すべてを自分で考え、挑戦することで、マイナス部分がプラスに、結果的には当社の強みになっていったのです。通信販売の費用対効果の考え方も、顧客リピートの測定方法も、見よう見真似で独自に創ってゆきました。

当初は、媒体一回毎に投下金額の回収を目指していましたが、その

うちに、お客様のリピート売上を計算すると、一回の広告で回収しなくてもいいことに気がつきました。そして、購入して頂いた顧客人数に対して一定の回転数をかけることでリピート率や移行率を計算することを覚えました。その指標を管理していけば、年間の売り上げや翌年の売り上げを計算することができるということです。私は、この数字に基づいて当社独自のリピート測定モデルを構築しました。

このモデルは、投下金額に基づいて顧客人数が少なければ、クロスセルで別の商品を購入して頂いて、購入単価を上げたり、購入単価を低く設定するのであれば購入して頂くお客様を増やすなど、数字をみながらさまざまな販促的な対策をしていくことができました。このようにして翌年の売り上げが計画できるようになり、その計画にあわせて投資規模を拡大していったのです。

このように、通信販売というのは、データや数字で仮説検証できる科学的な事業モデルなのです。例えば媒体出稿してテストして、結果が良ければ一気にそれを投下して増やす、もし悪ければそれをテストマーケティングと捉えて企画を変えたり、クリエイティブを改善したりするなどしてその次の投資結果の数字をあげていくことができます。この考え方に基づけば、限られた資金のなかで事業設計することができるのが他の業態との大きな違いだと思います。

私が通信販売でもっとも大切だと考えているのは、お客様とのコミュニケーションであり、お客様へのメッセージの伝え方です。通信販売は、店舗での対面販売と違い、ダイレクトメールやさまざまな媒体などでご案内することができるため、一度にたくさんのお客様とマス的なコミュニケーションしてしまいます。お客様が目にされる媒体のすべてが企業からのメッセージになっているわけです。大切なのはこのメッセージをお客様がどのように受け止められているのかを常に考えて、想像して、メッセージを創ってゆかなければならないという

ことです。

　お客様は、これらのメッセージを、直接、発信している企画担当や、コピーをつくる担当者、電話応対するコミュニケーターの言葉として受け止めているのではありません。お客様は、そのすべてを山田養蜂場という会社からの発信として受け止めており、それは当社という企業そのものを「人格ある存在」として捉えていると理解すべきなのです。通信販売では、このように常にお客様のこころを理解し、お客様の側からの視点をもって企画したり、クリエイティブを作成したりすることが大切です。通信販売は、企画の優秀さや善し悪しも大事ですが、更にそれよりも、そのメッセージがお客様へどう伝わったかが最も問われるコミュニケーションのビジネスだと思います。

　その上で大切なことは、当社の広告宣伝活動や販促活動などによってお客様の心に生じた、当社や、当社の商品へのお客様の期待を絶対に裏切らないことです。広告やDM、テレマーケティングは、商品やサービスを実際以上によく見せてしまうものです。そしてお客様は、大きな期待を持って商品やサービスを待っていらっしゃいます。そのお客様とのお約束とも言える当社への期待を裏切らず、商品とサービスの品質を守るのです。

●当社のものづくりに対する想い

　当社では食品に関して農薬や抗生物質など600以上の項目で品質検査をしていますが、これは業界でも一番厳しいほうだと自負しています。なぜ、そこまで厳しい検査をあえてするのかというと、それが自然や人の健康に対する当社の根本姿勢だからです。養蜂を通じて自然の仕組みを知っている当社は、人間や植物が、微妙なバランスのとれた生命の調和の上に成り立っていることを知っています。そして、農薬や合成化学物質の存在が、そのバランスを破壊していることを知っ

ているのです。だからこそ、極力、私たちは自社の製造に、農薬や合成化学物質が入らない努力をしているのです。当社の原点が養蜂業であり、「一人のひとのために」との理念を持っていることがこの姿勢の根本にあります。

　当社の商品は大きくわけると4つであり、①蜂蜜をはじめとする食品関連の製品、②ミツバチクレヨンなど雑貨の製品群、③サプリメントや健康食品、そして④化粧品です。いずれもミツバチ産品をはじめとした製品であることと、合成化学物質などを使わずに「天然物の生理活性作用を活かした製品」というコンセプトのもとでつくられています。当社の原点である養蜂業は生命をつなぐ仕事ですから、その目線から、食に対する安全性や品質の上での責任を考えて作られたのです。

　通信販売という小売りの仕事も、健康食品製造・化粧品製造というメーカーの仕事も、すべてを農業者・生産者という人の目線から行っているのが当社の特徴です。農業者の視点は、食の仕事に関わる者は『生命を紡ぐ仕事』をしているという生命の仕事への使命観をわれわれに教えてくれましたし、メーカーの目線は、本物のもの造りに必要な『知恵や技術』をわれわれに教えてくれました。そして、小売りの目線は、お客様をより近くで見せてくれて『誰の為に』、『何の為に』との『仕事の目的感』をわれわれに教えてくれました。

　この3つの目線で考えた事から、農業者が食べ物を生産する意味や、経済社会で効率主義が切り捨てている大切なもの、そして、お客様へ商品を販売する目的など、自分のやるべき仕事の方向性が、はっきり見えてきたのだと思います。

　当社の企業コンセプトには、農業者出身の私の「モノづくり」の目線がその根本にあります。「モノづくり」と言ってもメーカーのそれではありません。メーカーは基本的に加工技術でモノの形態を変える

だけであり、何もない中から何かを生み出すわけではありません。私たちが生きてゆくために必要なすべてのモノは、農業や林業によって自然から生み出されるのです。

メーカーは、農業者が生命を育てて自然から生み出した『モノ』を、加工・製造してお金になる価値を高めるわけで、何も無いところから生命を生み出す農業者とは根本的に違うのだと私は思っています。

メーカーは、生み出すものが技術やお金だから、不要なら簡単に捨てることもできます。しかし、私たち農業者にはそれは出来ません。農業者が生産物を捨てるときには涙を流して泣きます。農業者にとって、生産物は、自らの子供であり、生命だからです。自然や大地と格闘して生み育てた「モノ」は、聖なるものでありお金ではないのです。食は命であり、農業者はその命を紡ぐ者です。そういう仕事の中から学んだ「生産物に対する心」は農業者だからこその想いと姿勢で、それが自然に企業のコンセプトへと繋がっていったのです。

●顧客ニーズの変化と機能性表示制度の開始について

当社のお客様はご高齢の方が多いのですが、実は同じ高齢の方と言っても、団塊の世代の方とそれ以前の世代の方とではまったくライフスタイルも考え方も違います。昔のお客様は、ご自身の体感によって効果を判断される方が多くおられるように感じておりましたが、団塊の世代の方は情報に敏感な方が多く、商品や成分の詳細な情報提供について強く要望されています。

当社でも、最近は団塊の世代の方の比率が高くなってきたために応対に対しても変化が必要になってきました。そして、この変化とあわせて2016年から機能性表示制度が始まり、応対に関わる従業員教育の方法も、大きく見直しが必要になってきました。

　この機能性表示制度の導入前は、国として、サプリメントに機能性は存在しないということになっていましたので、店舗販売員やコミュニケーターの教育において、商品の機能性については語る必要もなく、会社からも詳しく教えていませんでした。

　それは機能性の教育をすることによって、店舗販売員やコミュニケーターが、それを徒らにお客様に言ってしまうことで、薬事法に違反してはいけないという考え方からです。しかし、これは一方で、お客様の側からすると「機能性を期待して買うのに、その肝心な機能性は教えてくれない」、という消費者の知る権利と企業の責任から考えると、無責任な状態になっていたと思います。

　しかし、2016年から一定の条件を満たせば機能性があると表示しても良いということになり、今までの「食品には機能性があってはいけない」という世界から、「食品にも機能性がある。」という、まさに180度逆転した世界に変化しました。店舗販売員やコミュニケーターにも、機能性に対する正しい知識を持ってもらい、「ここまでご説明してよろしい」、「これは言ってはいけません」というマニュアルも必要となってきて、今は、この教育に力を入れているところです。

　このようにサプリメントの機能性についての教育はもちろんですが、当社は医薬品とサプリメントとの飲み合わせについてのカウンセリングも行っております。

●みつばち健康科学研究所について

　当社の研究所は、ミツバチ産品と天然物を中心とした素材の生理活性作用を研究するセンターです。よく間違われるのですが、生物としてのミツバチ自体の研究が中心ではなく、ミツバチ産品の人への機能性を研究しているのです。自社研究チームと委託研究、共同研究など内外合わせた研究者の数は約300名。山田養蜂場だけで40名おりま

みつばち健康科学研究所

す。これはミツバチ関連の生理活性の研究ということでは、世界一の規模の研究体制です。

　通信販売でお客様に直接商品を販売するということは、お客様からのさまざまな要望を聞くことができるということです。つまり、お客様の要望に応えた商品作りができるということです。

　私たちは、さまざまな機能性に関するお客様の要望に応えてゆく責任と使命があると考えております。私は、1990年代の草創期に「必ず効果の出せる本物の商品を作らねばならない」という想いからスタートしました。そのためにもお客様が求めるミツバチ産品と人の「健康」の関係について自分たちで研究を行おうと、1990年代前半に本格的に研究所の体制を整えたのです。素材の開発と同時に、機能性の研究も進めてきており、今日までにさまざまなミツバチ産品の機能性がわかってきました。

　例えば蜂蜜から発見された咳止め作用とその活性成分があります。昔から蜂蜜は世界中で咳止めに使われており、その作用は蜂蜜に多く含まれるブドウ糖や果糖によるものだと思われていたのですが、実は咳を鎮める生理活性物質は、糖ではないらしいことがわかったのです。それを抽出して、機能性を発揮させたサプリメントの開発などを

進めようとしているところです。

　お客様が当社のサプリメントを買われるのは、何らかの機能性を求めてのことです。その機能性について、自社の研究で明らかにして一定の保証をするのは当たり前だという考えのもとで、商品開発を行ってきました。そういう意味では、機能性表示制度の実現は、消費者にとって良い事であり、私どもにとっても願ってもないことだと感じています。研究所では、ローヤルゼリーの肩こり解消効果、ミツバチが運ぶ花粉（ビーポーレン）の前立腺肥大の抑制効果や花粉症の軽減効果を解明してきました。花粉といっても巣の中に溜まったものではなく、巣に運びこむ前のものです。巣の中の花粉はビーブレッドと呼ばれ、ビーポーレンとは区別されます。

　花粉にはさまざまな若返りの可能性があることが伝承されていますが、この花粉のビーブレッドの研究を続けた結果、便秘解消効果や免疫賦活作用といった有用な効果のある乳酸菌が含まれていることが解り、YB38という名前が付けられました。

　当社の研究所は、お客様に直接商品を届けていくうえで、お客様の期待されているサプリメントの機能性を、自分たちで保証しなくてはいけない、という考えと目的のもとに作ったものです。そして、もう一つの研究施設の存在価値は、サプリメントや食品についての安全性の確立です。例えば、ローヤルゼリーは動物性タンパク質なので、ごく稀にですが、10万人に1人くらいの割合でアナフィラキシーショックというアレルギーを起こす可能性があります。確率としてはかなり小さいのですが、アレルギーが存在する以上、「その1人の安全のためにアレルギーのないローヤルゼリーが必要ではないか？」と考えたわけです。研究を重ね、酵素でたんぱく質をペプチドにまで分解して低アレルゲン化する方法を確立しました。そして、「低アレルゲン化ローヤルゼリー」が生まれたのです。

　これには、非常にうれしい副産物もありました。ペプチドまで分解しておくと、ローヤルゼリーの消化吸収が飛躍的に高まって、通常のローヤルゼリーにはなかったさまざまな効用が表れたのです。安全で効果の高いローヤルゼリーの出現です。

　このような安全性に対する姿勢は、店舗販売員やコミュニケーターのマニュアルにも反映されています。例えば、初めてローヤルゼリーを飲まれる方には、必ず既存のアレルギーの有無をお聞きして、既往症をお持ちの方にはローヤルゼリーをおすすめしないのです。また、一般的な食品における農薬や抗生物質の検査はほとんどが抜き取りの検査ですが、当社では全数検品が当たり前です。全数検品なので検査の量が他社とは比較にならないほど多くなります。そういう多量の検査をするものですから、多額の検査費用が掛かり、これは自前の技術とシステムでやるべきだと考え、一度に200〜300くらいの検査ができる独自の仕組みを作ることになりました。

●店舗展開について

　店舗展開は通信販売と連携をしていきたいという想いから始めたのですが、今は少し考え方を変えました。店舗での販売のノウハウとい

山田養蜂場直営店舗

うのは歴史が古いことからもわかるように、かなり昔にマーケティングについての一定の技術が完結しています。それに比べて、通信販売のマーケティングは歴史も浅く、昨今のデジタル化の変化もあり、まだ発展中だと思います。また、この2つのチャネルは、一方は商圏と店舗を考えるものであり、一方は顧客と商品を考えるビジネスです。つまり、それぞれ拠るところや文化が違うので、非常に連携が難しいのです。店舗では立地を重視し、新規出店や撤退をしますが、あまり顧客分析をする習慣がありません。唯一行っている分析も、POSレジの分析による、商品の売れゆき調査です。それに対して、通信販売では正確に顧客の情報が把握できるため、常に特定の顧客からの情報を分析します。

　また、お客様側から店舗と通販に期待するところのニーズも、店舗で直接商品を確認して購入したいと考えるお客様と購入の利便性を優先する通販のお客様とは、そもそも違います。したがって、今は、お客様のニーズにあわせて、連携する部分とそうでない部分を分けて考えることが必要だと考えております。

　店舗のキャンペーンと通信販売のキャンペーンの連携や、店舗で受けた注文を通信販売でお届けできるようにしたり、通信販売で受けた商品の注文を自宅近くの店舗で受け取ったりするサービスなどは、今後、さらに充実してゆきたいと思っております。

●製造・流通について

　2015年に新設した工場は、サプリメント、化粧品、食品の生産能力向上を目指したものです。特に食品についてはかなりの工程で自動化しました。生姜やかりんなどもここで加工処理されてジャムや果実漬け、ハニーコンポートなどになります。初期に立てた目標の生産性についてはまだ完全にその能力を発揮できていませんが、2倍から3

2015 年に新設した工場

倍の生産性になることを期待しています。

　工場には、物流・発送機能をもつ流通センターも併設しています。当社の工場でできたものをそのまま2階の物流センターから発送しており、今は早くて翌日到着ですが、いずれ関東地域などで、当日到着を可能にしたいと考えています。

●農園・観光事業について

　デジタル化が進み、流通や受注、テレマーケティングの効率化が進み、モノはどこでも作れて、どこでも同じようなものが売られる時代になりつつあります。しかし、それは消費者からすると一社一社の魅力がないということにつながります。

　そこで当社だけの独自のサービス、独自の売り物とは何だろうと考えました。そうすると、田舎にあって、農業者として実際に命を紡ぐ農業の仕事をしていることに行きつきます。

　しかも、私たちの原点である農業というのは、現在の都会の人々にとっては非常に希少な体験になってきています。そこで農業体験を当社の顔のひとつにしていこうと考え、自社で観光農園の「みつばち農

園」をつくりました。現在すでに年間4万人強のお客様が全国から訪れています。ここではイチゴの食べ放題を堪能していただきながら、イチゴとブルーベリーがミツバチの授粉によってつくられていることを見ていただきます。植物とミツバチの関係を考える「みつばち教室」などは非常に人気があります。ミツバチは植物の受粉を助けることによって、まさに自然の生命の仲介者としての役割を担っております。

　養蜂の仕事を原点としている当社は、環境の問題への取り組みは避けて通れない活動だと考えております。そのような想いから、2018年度から「山田養蜂場自然塾」をオープンする予定です。これは、北海道の富良野で「北の国から」の脚本家の倉本聰さんが主宰されている「富良野自然塾」とのフランチャイズ関係を結んで進めている環境学習プログラムです。

　将来的には、近隣の大学で、環境学習の単位を取得できるほど高いレベルのものを目指そうと考えています。「教育」という形のないモノではありますが、当社の将来の資産であり、強みになっていくものだと考えています。

●今後の展開について

　今の時代は、お客様を単純に年齢や性別でニーズを判断できないため、いろんな角度で理解することが必要になってきています。確かに、購買傾向などで情報を科学的に分析することはできますが、本当のニーズを理解するためには、一人ひとりのお客様とのコミュニケーションによって、お客様のことを理解することが必要です。これは、電話応対だけでなく、インターネットを介したデジタルのコミュニケーションにおいても同様です。

　これからは、このデジタルコミュニケーションが通信販売にとっ

て、もっとも重要な要素になると考えています。ただし、当社のような事業モデルでお客様に受け入れていただくためには、もっと人間的な心の通じ合うコミュニケーションが必要だと考えています。例えば、デジタル化が実現したテレビ電話などの技術を積極的に活用したコミュニケーションの仕組みなどもいち早く取り入れたいと思っています。

　また、多様化するお客様のニーズにあわせて、人間ドックサービス事業など新しい取り組み準備をすすめていますが、ここでも大事なことは、お客様の立場になって考えられているサービスかどうかだと思います。特に当社が新しい事業に展開していく時に何より大切なことは、お客様が期待されている人肌の温かみのある山田養蜂場らしさを見失わないことだと思っております。

●最後に

　当社は2018年度に創業70周年を迎えます。ここで改めて想うことは、実質的な通販事業の創業者である私を中心とした会社から従業員の能力を伸ばし活かす会社へと脱皮させなければということです。今までも当社は、従業員一人ひとり異なった個性をもった人たちの力を活かすことを考えて事業に取り組んできました。しかし、現状の当社の組織には、トップダウンで私が強引に引っ張ることで成長してしまった組織の癖がついてしまっております。

　私が率先して事業を推進してきたことにより、従業員が自ら考えて挑戦するという機会が失われていたとも言えるでしょう。今後、当社が目指すのは、私一人のリーダーシップによる経営ではなく、従業員全員が参加する全員経営です。そのためには、一人ひとりが経営的視点から主体的に行動できることが大切であり、そのために経営のシステム化も必要と考えております。情報をオープンにして、従業員一人

ひとりが、経営に参加できる仕組みづくりと、自主的に考えて運営できるようにする組織文化の構築が現在のテーマです。

　これこそが、一人の可能性を信じて個性を活かすという当社の掲げる人間主義の考え方にも通ずるものと思っております。全員の知恵と創意工夫、そしてやる気を引き出す仕組みと、この人間主義という理念の実践があって、はじめて山田養蜂場の経営のシステムが完成すると私は考えております。

　当社は今後も、何よりも「社会にとってなくてはならない企業」を目指して進んでいきたいと考えております。

【会社概要】

本社：岡山県苫田郡鏡野町市場 194

業務内容：ミツバチの飼育およびミツバチ製品の原料仕入・研究・開発・製造・通信販売・店舗販売・卸販売

販売商品：ローヤルゼリーを中心とした健康食品・蜂蜜および蜂蜜製品（菓子・ドリンク・惣菜）・化粧品・農産物

創業：1948 年

設立：1982 年

グループ総資本金：8 億 3,770 万円（2016 年 6 月現在）

年商：566 億円（2016 年度グループ計）

従業員数：1,558 人

グループ会社：24 社

〈沿　革〉

1948 年　創業者の山田政雄が徳島で在来種のミツバチの飼育を始める。

1960 年　創業者がローヤルゼリーを研究。独自の技術で大量生産に成功。はちみつの産直販売開始

1982 年　法人設立

1983 年　山田英生（現社長）が専務として事業に参加

山田養蜂場本社

1990 年	通信販売部門を発足し、会員制度創設
1993 年	テレマーケティングセンターを開設し、DTM（ダイレクトテレマーケティング）システムを導入
1994 年	代表取締役社長に山田英生が就任
1996 年	ローヤルゼリー全国シェア 20 ％ を達成
1998 年	ローヤルゼリーエキス配合の基礎化粧品「RJ スキンケア」シリーズを発売
2006 年	岡山市にはじめて直営店を開店 みつばち健康科学研究所新社屋完成
2007 年	鏡野町に観光農園「山田みつばち農園」をオープン
2012 年	健康食品と薬の飲み合わせデータベースを独自開発、サービス開始
2014 年	「機能性素材」と「ミツバチ産品」を組み合わせた「ミツバチ博士」シリーズを発売
2015 年	製造・物流の新設備を備えた「山田養蜂場第一工場」完成

むすびにかえて

　現代マーケティング研究の急速な進展につれて、マーケティングを構成する各分野（商業、流通、消費者行動、広告、マーケティング戦略など）の細分化・精緻化がなされた。各分野それぞれが固有の研究領域として位置付けられるようになり、各分野の研究を深く掘り下げることで独自の学問体系を構築し、専門性を強めている。細分化された各分野では学問的な独自性がより濃くなりつつある一方で、全体を統合し俯瞰する視点が弱くなっているようにみえる。

　その結果、このままでは、デジタル化やITテクノロジーによって激変している市場環境に対応できなくなってしまう恐れがある。製品中心の従来のマーケティング論に固執することでマーケット（市場）変化のダイナミックスを捉えられなくなると、マーケティングの学問的な意義を失ってしまうのではないか。細分化・専門分化によって、社会科学特有の新たな知識創造やホリスティックな洞察力がなくなっているのではないか。単なるマーケティングという言葉の遊戯に過ぎない学問に変質してしまったのではないかという議論の過程から、三村優美子（青山学院大学教授）との共同研究が始まった。

　本書は、2014年に三村と上記のような現在のマーケティング研究の課題を話しているうちに生まれた。マーケティングを取り巻く環境が急変している中、若手のマーケティング研究者の一人として、既存の理論を踏まえながら、情報やメディアのデジタル化によって激変しているこれからの新たなマーケティング書の必要性をしみじみと感じた。

　顧客との関係性やその手法など、デジタル化時代の新たなマーケティングの手本ともなるダイレクト・マーケティング（通信販売）に、その一つのカギがあるのではないかと考えたのである。その第一歩となったのが、アマゾンや楽天などのプラットフォーム系の寡占化によって総合通信販売企業が不振の中でも、持続的に成長している単品通販（メーカー系通販）という領域の代表的な企業の取材であった。その結果は、「新市場開拓における通信販売の可能性」として2015年に『季刊マーケティングジャーナル』に発表した。一見、「流

通」を専門とする三村と「マーケティング・コミュニケーション」を専門とする朴による共同研究は異色とみられるかもしれない。しかし、メディアのデジタル化やオムニチャネル化により、既に実務の世界では「流通」と「マーケティング・コミュニケーション」の境界線はなくなっているのではないだろうか。さらに、デジタル化が流通やマーケティングの方法を変える一方で、改めて人間的な思いや技が顧客の心を掴み市場を豊かなものにしていく可能性も見えてきたように感じている。

2015年の「新市場開拓における通信販売の可能性」の発表をベースに、関連業界のフィールド・リサーチを進めているうちに、本書を企画するようになった。そのプロセスの中で、わが国の通信販売業を先導してきたともいえる株式会社ファンケルの宮島和美副会長、オルビス株式会社の阿部嘉文顧問、株式会社山田養蜂場の山田英生社長などへの取材を進めた。そして、企業のトップの思いを読者に直接伝えたいと考えて、寄稿を依頼することになった。本書の趣旨に快く賛同し、寄稿してくださった宮島和美副会長、阿部嘉文顧問、山田英生社長には心よりお礼申し上げたい。

メーカー系の通信販売については、ライオン株式会社執行役員乗竹史智氏から事業の枠組みや手法をわかりやすく解説していただいた。また、本書の狙いに関しても貴重なご示唆をいただいたことに感謝申し上げたい。そのほかにも、多くの企業にご協力をいただいている。本書ではご紹介することができなかったが、特に、味の素株式会社アミノサイエンス事業本部部長安部智晴氏、株式会社再春館製薬所の関係者には多大なご協力をいただいたことに深く感謝申し上げたい。

公益社団法人日本通信販売協会の関係者の方々にも深く感謝申し上げたい。新たなマーケティングを展望するためには、これまでの歴史だけではなく、制度や法規制の知識も欠かせない。同協会で、長年関連業務を担当された万場徹専務理事や柿尾正之前理事にも執筆していただいた。多忙な日常業務の中、ご協力いただいた両氏には深く感謝したい。

流通研究とマーケティング・コミュニケーション研究の融合というこのような研究の背景には、恩師である早稲田大学名誉教授亀井昭宏先生の教えが大き

い。亀井先生は、日本の広告研究の第一人者であるとともに、早い時期からダイレクト・マーケティングの重要性を指摘されていた。また、何よりも専門分野の壁のなかに閉じこもり視野狭窄に陥ることにならないようにと語られていた。亀井先生の先験的な視野に感服すると同時に、改めて亀井先生にお礼申し上げたい。

　産業界、協会、大学などのさまざまな方のご協力によって、本書が生まれた。全員の名前を挙げることはできないが、最後にこの研究成果にご協力いただいた方々の力に深く感謝したい。また、本書の企画段階から全面的に支援してくださった千倉書房の川口理恵氏にも感謝したい。

　本書が、流通、マーケティング・チャネル、そしてマーケティング・コミュニケーションの切り口から、デジタル時代の新たなマーケティング戦略を学習したい方々にとって参考になることを祈る。

2018 年 1 月

駒澤大学准教授　朴　正洙

主 要 索 引

222

〈執筆者紹介〉

三村　優美子（みむら　ゆみこ）　序章、第1章、第2章
青山学院大学経営学部教授

朴　正洙（ぱく　じょんすう）　第3章、第4章、第5章
駒澤大学グローバル・メディア・スタディーズ学部准教授

柿尾　正之（かきお　まさゆき）　第5章
公益社団法人日本通信販売協会前理事

万場　徹（まんば　とおる）　第6章
公益社団法人日本通信販売協会専務理事兼事務局長

乗竹　史智（のりたけ　ふみとも）　第7章
ライオン株式会社執行役員
前ウェルネス・ダイレクト事業本部長

宮島　和美（みやじま　かずよし）　第7章
株式会社ファンケル取締役副会長
公益社団法人日本通信販売協会前会長

阿部　嘉文（あべ　よしふみ）　第7章
オルビス株式会社顧問
公益社団法人日本通信販売協会会長

山田　英生（やまだ　ひでお）　第7章
株式会社山田養蜂場代表取締役社長

【著者略歴】

三村優美子（みむら・ゆみこ）
慶応義塾大学大学院商学研究科博士課程修了（1980 年）
商学博士 (慶応義塾大学)
社団法人流通問題研究協会主任研究員
東京国際大学商学部助教授、教授を経て
1996 年、青山学院大学経営学部教授（現職）
マーケティング、卸・小売流通研究
『医薬品流通論』（共編、東京大学出版会、2003 年）
『日本的流通の再生』（共編、中央経済社、2003 年）

朴正洙（ぱく・じょんすう）
早稲田大学大学院商学研究科博士後期課程修了（2012 年）
博士（商学）早稲田大学
早稲田大学商学学術院助手、助教、関東学院大学経済学部准教授を経て
2015 年、駒澤大学グローバル・メディア・スタディーズ学部准教授（現職）
マーケティング、マーケティング・コミュニケーション研究
『消費者行動の多国間分析』（千倉書房、2012 年）
『グローバル・マーケティング・コミュニケーション』（監訳、千倉書房、2016 年）
『セレブリティ・コミュニケーション戦略』（白桃書房、2018 年）

成熟消費時代の生活者起点マーケティング
　　—流通・マーケティングの新たな可能性

2018 年 4 月 18 日　　初版第 1 刷発行

編著者　　三村優美子・朴正洙
発行者　　千倉成示
発行所　　株式会社 千倉書房

　　　　　〒 104-0031　東京都中央区京橋 2-4-12
　　　　　TEL 03-3273-3931／FAX 03-3273-7668
　　　　　http://www.chikura.co.jp/

印刷・製本　三美印刷株式会社
装丁デザイン　小松秀司

© MIMURA Yumiko, JEONGSOO Park 2018 Printed in Japan
ISBN 978-4-8051-1135-2　C3063